J. Francis Stroud, S. J.

Anthony de Mellos kleine Lebensschule

HERDER spektrum

Band 5853

Das Buch

Die Lehren eines Meisters der Spiritualität und des Geschichtenerzählens, leicht und gelassen umzusetzen im Alltag. Wach werden, den Blick auf das Wesentliche richten, kann ganz einfach sein. Francis Stroud hat die Lehren Anthony de Mellos aus erster Hand zu einem Begleiter durch den Alltag zusammengefasst. Es beginnt mit de Mellos Drei-Minuten-Meditation, die ganz einfach unter der Dusche praktiziert werden kann, und führt weiter zu den tiefen Fragen des Lebens, wie die nach der Liebe und dem Glück, dem Umgang mit Leiden, Trauer und Enttäuschungen. Anthony de Mello hat über lange Jahre Menschen begleitet und konnte aus einem tiefen Erfahrungsschatz heraus wirken. Seine Persönlichkeit, seine Lehren und seine Ausstrahlung werden in diesem Buch lebendig.

De Mellos Weisheitsgeschichten und witzige Anekdoten führen zu einem befreienden Lachen und laden ein, die Perspektive zu wechseln. Schon dadurch wird manches leichter. Denn: Innere Erfüllung und Liebe sind nicht Resultat von Anstrengung, sondern stellen sich von selbst ein. Ein unverzichtbarer Alltagsbegleiter für Menschen, die bewusster leben wollen.

Der Autor

J. Francis Stroud, S. J., ist geschäftsführender Direktor des „De Mello Spirituality Centers“ der Fordham University.

J. Francis Stroud

Anthony de Mellos kleine Lebensschule

Aus dem Amerikanischen
von Bernardin Schellenberger

HERDER
FREIBURG · BASEL · WIEN

Gedruckt auf umweltfreundlichem,
chlorfrei gebleichtem Papier

Originalausgabe

First published in the United States under the title:
The Spirituality of Anthony de Mello. Praying Naked

Published by arrangement with Doubleday,
a division of Random House, Inc.

www.herder.de
Satz: Rudolf Kempf, Emmendingen
Herstellung: fgb · freiburger graphische betriebe 2007
www.fgb.de
Umschlaggestaltung und Konzeption:
R·M·E München/Roland Eschlbeck, Liana Tuchel,
Rosemarie Kreutzer
Umschlagmotiv: © Root Leeb
ISBN: 978-3-451-05853-0

Inhalt

Vorwort

Dieses Buch entstand auf den Wunsch vieler Menschen hin, in systematischer Form eine Spiritualität vorzustellen, die schon vielen geholfen hat, darunter auch mir selbst. Wir werden heutzutage pausenlos mit den zerstreuenden Angeboten einer hektischen Kultur überschüttet. Darum soll dies ein Buch für diejenigen sein, die einen Weg einschlagen möchten, auf dem sie in Gelassenheit ihrem Schöpfer näher kommen.

Als Anthony de Mello, um dessen spirituellen Ansatz es in diesem Buch geht, einmal in einem Fernsehinterview gefragt wurde: „Warum finden Sie für das, was Sie sagen, so viele interessierte Zuhörer?", brachte er das so auf den Punkt: „Ich denke, weil diese Menschen Gott erfahren möchten."

Viele von uns suchen Antworten auf wichtige spirituelle Fragen wie: „Wer bin ich?", „Wie finde ich hier und jetzt in meinem Leben zum wahren Glück?" „Wie lässt sich das Leiden richtig verstehen und wie gehe ich damit um?" Das sind ganz praktische Fragen, und um solche geht es bei einer echten Spiritualität. Sie will ganz praktisch sein.

Der in diesem Buch vorgestellte spirituelle Ansatz hat mein eigenes Leben verwandelt, und soweit ich erfahren habe, auch das Leben unzähliger anderer Menschen. Wer die wertvollen Früchte dieses Ansatzes ernten und spirituell vorankommen will, muss nicht sein Geschäft oder sein Haus oder seine Freunde aufgeben. Es ist auch nicht notwendig, auf den Gipfel eines Berges zu steigen und dort oben stundenlang Kontemplation zu üben. Hier wird vor allem betont, dass dank der Gnade Gottes in jedem Menschen bereits ganz bestimmte Gaben und Schätze angelegt sind und sich auswirken. Wer immer sich ihrer voll bewusst wird, hat das Ziel erreicht, das hier angestrebt wird.

Sie werden sehen, dass der Weg, den Sie mit diesem Buch einschlagen, Freude macht, wunderschöne Einsichten eröffnet und in mancher Hinsicht auch eine Herausforderung ist. Ich wünsche Ihnen auf ihm viel Erfolg und den Beistand Gottes.

Einführung

Der Originalausgabe dieses Buches habe ich den Titel *Praying Naked*, „Nackt beten" gegeben. Er sollte auffallen und unser Thema mit einem Schuss Humor versehen. Reißerisch war er nicht gedacht, denn schließlich handelt dieses Buch von etwas so Kostbarem wie der Spiritualität. Unter welchen Umständen ich auf ihn gekommen bin, werde ich gleich noch erzählen. Im Übrigen passt er gut zu Anthony de Mellos unkonventionellem spirituellen Ansatz.

Bezüglich der Meditation wird dieses Buch Ihnen helfen,

- die Probleme zu lösen, die sich daraus ergeben, dass wir von unserer Kultur programmiert und konditioniert sind; und
- die Kunst der Meditation rasch und ganz leicht zu erlernen, ja womöglich innerhalb von nur drei Minuten.

Nachdem ich diese Methode bei einem Vortrag vorgestellt hatte, sprach mich eine junge Frau an, die bestimmt schon im sechsten Monat schwanger war, und erzählte mir, dass sie diese Form der Meditation häufig praktiziere. Sie wohne mit einer sehr frommen Tante zusammen, die immer mit einem riesigen Gebetbuch im Schoß herumsitze. Diese Tante habe sie vorwurfsvoll gefragt: „Du rennst ständig nur herum, putzt das Haus, kümmerst dich um die Kinder, kochst das Essen. Nimmst du dir eigentlich jemals Zeit zum Beten?"

Sie habe der Tante zur Antwort gegeben: „Ich bete, wenn ich unter der Dusche stehe. Dann konzentriere ich mich auf meinen Atem und auf das Wasser, das aus der Brause auf mich und den Boden spritzt. Ich nehme wahr, wie das Wasser meinen Rücken hinunter rieselt", und so weiter. Als sie fertig gewesen sei, habe ihre ganz fromme Tante mit dem Gebetbuch im Schoß gesagt: „Aha, du betest nackt!"

Daraufhin entgegnete ich dieser jungen Frau: „Vielen Dank. Jetzt haben Sie mir den Titel für mein Buch geliefert!" Ein besserer Titel mit einem typischen de Mello-Einschlag hätte mir für eine Einführung in seine Spiritualität kaum einfallen können. Anthony wäre bei der Wahl seines Titels wahrscheinlich konservativer gewesen. Er hätte diese Geschichte sicher liebend gern in seinen Vorträgen erzählt, aber wenn es ans Drucken auf Schwarz und Weiß ging, war er eher zu zurückhaltend. Zum Glück muss ich mir diesbezüglich keinen Zwang antun. Ich habe keinen Ruf zu verlieren!

Anthony de Mellos spiritueller Ansatz hat das Leben vieler Menschen verändert. Vielen, die von ihrem bisherigen Glauben enttäuscht waren, hat er einen neuen Zugang für ihn erschlossen, und zahlreichen Christen wie Nichtchristen ein Verständnis von Spiritualität, das ihr Leben ungemein bereichert hat. Zu Lebzeiten von Anthony organisierte ich nicht nur sein Vortragsprogramm in den USA, sondern ich war auch bei den meisten Vorträgen dabei und habe jetzt versucht, die Themen, die er so oft angesprochen hat, hier in seinem Sinn systematisch vorzustellen. Einige Ergänzungen zu dem, was er gesagt hat, habe ich von anderen spirituellen Lehrern übernommen und eingefügt. Von ihnen seien hier ausdrücklich genannt: Dr. Deepak Chopra, Anthony Robbins, Joan Borysenko und John Bradshaw.

Ich hoffe, meinen Leserinnen und Lesern macht dieses Buch genauso viel Freude wie mir seine Ausarbeitung.

1 De Mellos Drei-Minuten-Meditation

Der Geist ist unabhängig. Er kann in sich selbst die Hölle zum Himmel machen oder den Himmel zur Hölle.

John Milton

Die Meditation bietet fünf Vorzüge:

1. Die Meditation hilft uns, wirklich in der Gegenwart zu leben. Sie wirkt unserer Neigung entgegen, die Gegenwart mit Erinnerungen an alles Mögliche aus der Vergangenheit auszufüllen, also mit Negativem wie Groll, Schuldgefühlen und Ängsten, oder auch mit Positivem in Form von angenehmen Erfahrungen. Anthony de Mello beschrieb das anschaulich so: Wenn dir etwas Gutes widerfährt, so steckst du es unverzüglich in deinen Vorratsbeutel; doch statt es jetzt im gegenwärtigen Augenblick zu genießen (was mit neuer Energie und Lebensfreude erfüllt), hältst du erst später inne, betrachtest es in deinem Beutel und versetzt dich nostalgisch in diese frühere glückliche Zeit zurück. Du denkst: Gott bewahre, dass ich meinen Beutel je verliere. Aber dieses Gepäckstück, das du da ständig mit dir herumträgst, ist völlig unnötig.

2. Die Meditation schenkt uns eine direkte Erfahrung unser selbst. Wir erschaffen uns sehr viele falsche Ichs, mit denen wir uns dann identifizieren; ich werde sie etwas später

auch als primäre Ego-Abwehrmechanismen bezeichnen. Wenn man zum Beispiel als kleiner Junge herumgeschubst wird, kommt man darauf, dass man sich dadurch ein bisschen Respekt verschaffen kann, dass man andere herumschubst, und dann tut man das öfter. Am Ende hat man sich den Ruf erworben, ein grober Kerl zu sein, und man hält sich auch selbst für einen solchen. Oder ein anderes Beispiel: Als kleines Mädchen merkt man, dass man sich nur an seinen Vater oder seine Großmutter kuscheln muss, um das Bonbon oder was immer sonst man gern haben möchte, zu bekommen. Bald hat man dann herausgefunden, dass die Schmeichelei recht hilfreich ist. Älter geworden, verhält man sich noch nach dem gleichen Muster, auch wenn man inzwischen Ärztin, Bischöfin oder Managerin einer großen Firma geworden ist. Es ist dann fast unmöglich, noch herauszufinden, wer man selbst eigentlich ist. Die Meditation hilft einem, das eigene Ich direkt zu erfahren. Das glückliche Ergebnis dieser Erfahrung besteht darin, dass man die beiden Hauptursachen des Leidens im Leben ausmerzt: Isolierung und Einsamkeit. Man fühlt sich dann nicht mehr abgetrennt und allein, sondern vereint und verbunden, und das ist die Grundlage der Liebe.

3. Meditation lässt den inneren Dialog verstummen, das innere Geschwätz, das pausenlos im Kopf vor sich geht. Stillwerden versetzt uns in die Lage, mit den eigenen Emotionen in Kontakt zu kommen, mit Wut, Trauer und Liebe. Das ist ganz entscheidend, denn solange man nicht fähig ist, die wahren Emotionen zu empfinden oder sie leugnet, wenn man sie wahrnimmt, machen sie sich auf andere Weise bemerkbar, zum Beispiel in Form von Alkoholismus, Fettleibigkeit, sexuellen Problemen oder zuweilen noch Schlimmerem.

4. Die Meditation lindert alle Süchte wie Alkoholismus, Drogen- und Esssucht, weil sie einem hilft, das zu erlangen, was man auf dem Weg über diese Süchte gesucht hatte. Man isst ja nicht deshalb zu viel, weil man diese Nahrungsmittel *braucht*. Es fehlt einem vielmehr im Leben etwas und man versucht, diesen Hohlraum durch Essen auszufüllen. Das wird ganz besonders gut von einer Geschichte mit dem Titel „Ändere dich nicht!" veranschaulicht, die sich in de Mellos Buch *Warum der Vogel singt*[1] findet. Es lohnt sich, dass ich sie hier zitiere, denn ich werde in diesem Buch noch mehrmals auf sie zurückkommen.

„Jahrelang war ich neurotisch. Ich war ängstlich, depressiv und selbstsüchtig. Jeder sagte mir immer wieder, ich sollte mich ändern. Mir waren diese Leute zuwider, und doch pflichtete ich ihnen bei. Ich wollte mich auch ändern, aber ich brachte es nicht fertig, sosehr ich mich auch bemühte. Ich fühlte mich so machtlos und gefangen. Was mich am meisten schmerzte, war, dass auch mein bester Freund mir immer wieder sagte, ich sollte mich ändern. Dann sagte er mir eines Tages: ‚Ändere dich nicht. Bleib, wie du bist. Es ist wirklich nicht wichtig. Ich liebe dich so, wie du bist und so bist du nun einmal.' Und ich entspannte mich und wurde lebendig, und – was für ein Wunder – ich änderte mich! Jetzt weiß ich, dass ich mich nicht wirklich ändern konnte, bis ich jemanden fand, der mich liebte wie ich war."

5. Sogar bekannte Ärzte wie Deepak Chopra von La Jolla in Kalifornien und Herbert Benson von der Universität Harvard bestätigen, dass die Meditation sich positiv auf die Gesundheit auswirkt. Chopra sagt, sie sei das Wertvollste, was man im Leben tun könne.

---

[1] Herder Freiburg 2002 (15. Aufl.).

Die Meditationsmethode

Die folgende kurze Übung veranschaulicht die Methode der Drei-Minuten-Meditation. Wenn Sie unter der Dusche stehen (und sich gewaschen haben), achten Sie zunächst einmal auf Ihren Atem. Ist er flach, mittel oder tief? Atmen Sie nur durch die Nase. Versuchen Sie nicht, Ihren Atem zu beeinflussen, sondern achten Sie nur auf seine Qualität. Das ist eine kurze Übung, aber wenn Sie sie regelmäßig machen, werden Sie ziemlich rasch ihre wohltuende Wirkung spüren. Sie werden diese Meditation dann auf einem Stuhl sitzend oder auf dem Boden hockend auf fünf bis zehn Minuten verlängern wollen. Das kann der Anfang einer Meditationspraxis sein, die Ihnen Ihr Leben lang bleibt und Ihnen gewaltige Vorzüge verschafft.

Wenden Sie sodann Ihre Aufmerksamkeit behutsam den Geräuschen zu, die Sie hören: dem Rauschen des Wassers aus der Brause, dem Gurgeln im Ausguss. Sie werden eine Anzahl unterschiedlicher Geräusche wahrnehmen, auf die Sie bislang noch kaum geachtet hatten, etwa das Geräusch des auf den Boden platschenden Wassers. Nehmen Sie diese Geräusche einfach bewusst wahr.

Wie lange Sie das tun sollten? Zerbrechen Sie sich darüber nicht den Kopf. Tun Sie es einfach für kurze Zeit. Wahrscheinlich brauchen Sie nicht viel mehr als eine Minute. Konzentrieren Sie sich sodann darauf, wie sich das Wasser auf Ihrem Kopf, Ihrem Genick und dann auf Ihrem Rücken anfühlt. Erfühlen Sie, wie es Ihre Beine hinab bis auf Ihre Füße fließt. Erspüren Sie, wie ihre Füße den Boden berühren.

Falls Sie Ihre Hände an die Wand angelegt haben, erspüren Sie, wie das Wasser jeden einzelnen Finger berührt.

Zum Schluss richten Sie ihre Aufmerksamkeit wieder auf Ihren Atem. Nehmen Sie nur drei Atemzüge ganz bewusst wahr. Damit ist die Übung zu Ende.

Da Sie gerade begonnen haben, dieses Buch zu lesen, ist dies wohl der richtige Moment, um noch einige Worte der Ermutigung anzufügen. Wir tun so viel für andere; unser ganzes Leben ist weithin damit ausgefüllt, uns um andere zu kümmern. Daher ist hier ein Glückwunsch angesagt. Denn jetzt machen Sie sich daran, etwas *für sich selbst* zu tun. Dies ist deshalb so wichtig, weil ausgerechnet *Sie* in der Schöpfung über eine außergewöhnliche Fähigkeit verfügen.

Die Tiere haben nicht, worüber wir Menschen verfügen: die Fähigkeit, uns unsere eigene Welt zu schaffen. Das tun wir, indem wir eine bestimmte innere Einstellung wählen. Wenn Sie morgens aufwachen, können Sie sich Ihren Tag erschaffen, indem Sie sich auf Freude einstellen. Sie können sagen: „Ich freue mich auf diesen Tag und bin gespannt, was er mir Schönes bringt." Und wissen Sie was? Dann bringt er Ihnen auch etwas Schönes. Ganz gleich, was passieren mag, er wird etwas *Schönes* bringen. Versuchen Sie es gleich. Sie werden sehen, ich habe nicht zu viel versprochen.

Verbessern Sie Ihr Bild von sich selbst: Vier Schritte

Die in den USA bekannte Radiomoderatorin Earl Nightingale fragte einmal bei einem gemeinsamen Essen Maxwell Moltz, den Autor des Buches *Psychocybernetics*: „Max, ich weiß, dass wir in unseren Leistungen an das Bild gebunden sind, das wir von uns selbst haben, ja von ihm eingeschränkt sind. Gibt es eine Möglichkeit, unser Bild von uns selbst, also unser Selbstkonzept, zu verbessern oder auszuweiten?"

Maxwell Moltz gab zur Antwort: „Natürlich gibt es diese Möglichkeit." Und er skizzierte einen Vier-Punkte-Plan, den er zur Verbesserung seines Selbstbildes verwendete. Ich wunderte mich, dass dieser Plan von einem Naturwissenschaftler stammte, nicht von einem Geistlichen. Hier seine vier Schritte:

1. Schritt: Vergib allen.
Lege ganz den Groll ab, den du all die Jahre mit dir herumgeschleppt hast. Vergib einfach allen und beobachte, welches Gewicht damit von den Schultern deiner Psyche fällt. Du fühlst dich dann viel leichter, ja bist über dich selbst glücklich. Du spürst, dass du viel größer bist als alle diese kleinen Verletzungen. Deshalb hebt sich dein Bild von dir selbst, es wird größer.

Anthony de Mello erzählte immer wieder folgende Geschichte:

Zwei Mönche, ein älterer und ein jüngerer, unternahmen einmal eine Reise. Sie kamen an einen kleinen Fluss und sahen an dessen Ufer eine bildhübsche junge Frau sitzen. Der ältere Mensch fragte sie, worauf sie warte, und sie erklärte ihm: „Ich möchte auf die andere Seite des Flusses kommen, aber ich kann nicht schwimmen." Hierauf erwiderte der ältere Mönch: „Dem kann ich abhelfen." Er nahm die Frau auf seine Schultern und trug sie durch den Fluss.

Als die beiden Mönche wieder allein auf ihrem Weg waren, machte der jüngere dem älteren schwere Vorhaltungen. „Ist dir klar, welche Gelegenheit zur Sünde du da auf dich genommen hast, als du diese Frau durch den Fluss trugst?" Und später setzte er noch hinzu: „Kannst du dir vorstellen, welchen Anstoß das im Kloster erregen wird, wenn sie das erfahren?" Nachdem er eine Stunde lang so dahergeredet hatte, blieb der ältere Mönch stehen, blickte dem jüngeren direkt ins Gesicht und sagte zu ihm: „Mein Sohn, ich habe diese Frau schon vor einer

Stunde am Flussufer abgesetzt. Du trägst sie immer noch mit dir."

2. Schritt: Vergib dir selbst (Was noch schwerer ist als der 1. Schritt).

Gewöhne dir an, in einen Spiegel zu schauen und dir zuzusprechen: „Ändere dich nicht. Ich liebe dich so, wie du bist."

Das ist die Grundlage des 2. Schritts. Du kannst ihn für dich selbst tun. Blicke in einen Spiegel und stelle dir um dein Herz eine dunkle Wolke vor. (Diese Wolke ist der schmerzliche Teil deines Lebens.) Atme beim Einatmen diese dunkle Wolke in dich hinein, und atme beim Ausatmen an ihrer Stelle deine Freude, deinen Frieden, deine Gelassenheit, dein Glück aus. Atme weiter ein und aus. Tu das nicht nur für dich selbst, sondern auch für andere, und sieh zu, was das in deinem Leben verändert.

3. Schritt: Sieh dich selbst immer nur von der besten Seite. Erwarte von dir selbst das Beste.

Diesen Schritt möchte ich besonders betonen. Wenn Sie dieses Buch lesen, erwarten Sie einfach, dass Sie der oder die Beste sein werden, wenn Sie damit fertig sind. Einer der goldenen Schlüssel zum Erfolg ist der, so zu handeln, als sei Scheitern gar nicht möglich. Auf diese Weise übergehen Sie all das Negative, das Ihnen ins Unterbewusstsein eingehämmert worden ist. Mit diesem Negativen wurden Sie von Ihrer Kultur, Ihren Eltern und Lehrern, Ihren Nachbarn und Ihrer Erziehung überschwemmt (ganz zu schweigen von Ihrer Religion, die zu den Instanzen gehört, die einen am nachhaltigsten programmieren und konditionieren, auch wenn das große Vorteile haben mag).

Wie oft sind Sie von der Schule mit einer Zwei im Zeugnis heimgekommen, und Sie wurden mit der Frage begrüßt: „Warum keine Eins?" Immer war die Botschaft: „Du bist nicht gut genug!" Trauen Sie sich daher selbst immer das Beste zu. Diese Erwartungshaltung wird Sie tatsächlich in Richtung des Besten nach vorn bringen. Das wird schon am ersten Tag anfangen, an dem Sie es ausprobieren.

Es ist eine bekannte medizinische Tatsache, dass es eine heilsame Wirkung auf das eigene Wohlbefinden haben kann, wenn man seine Gesichtsmuskeln im Lächeln übt – und es bis in die Augenwinkel ausstrahlen lässt. Ihr Leben wird tatsächlich die meiste Zeit von Ihrem Unbewussten gelenkt. Wenn Sie positiv denken, pflanzen Sie so das Frohsein in Ihr Unbewusstes, von wo her es sich tagsüber auswirken wird.

4. Schritt: Höre damit auf, dich mit anderen zu vergleichen. Gehe in deinem eigenen Tempo.
Manche werden dir voraus, andere hinter dir sein. Geh in deinem eigenen Tempo vorwärts.

Eine weitere Möglichkeit, um alle Ihre Wünsche in Ihrem Unbewussten zu programmieren, besteht darin, einfach tief einzuatmen, dann Ihr ganzes Wesen zu entspannen und sich zu sagen: „Entspanne dich jetzt." Tun Sie es ein zweites und drittes Mal. Dann atmen Sie dreimal und sprechen dazu: „Jetzt bin ich hellwach." Atmen Sie und entspannen Sie sich hierauf wieder, und wenn Sie vollkommen entspannt sind, sagen Sie sich, dass Sie heute froh bleiben werden, ganz gleich, was alles passieren wird. Beobachten Sie, wie sich Ihr Unbewusstes verhält, selbst wenn dann im Lauf des Tages große Schwierigkeiten auftauchen sollten.

Eine interessante Anmerkung zu diesem Punkt machte Norman Cousins in einem Interview. Er berichtete von einem Experiment, bei dem man Studenten entweder stark anregende blaue oder stark beruhigende rote Tabletten verabreichte. Doch man sagte ihnen genau das Gegenteil: die blauen Tabletten sollten angeblich beruhigen, die roten Tabletten hingegen anregen. Fünfzig Prozent der Studenten hätten das erfahren, was sie entsprechend der Ankündigung erwartet hätten, was beweise, dass die Psyche in diesem Fall stärker gewesen sei als der Wirkstoff der Tablette.

Eine entsprechende Geschichte hatte Anthony über Lehrer erzählt, denen von Prüfungsexperten angekündigt worden war, die Kinder, die sie unterrichten würden, seien „Schnellzünder", also von einer ungewöhnlich raschen Auffassungsgabe. Das habe sich aus ihren Prüfungen ergeben. Am Ende des Schuljahrs stellten die Prüfungsexperten fest, dass die als „Schnellzünder" bezeichneten Kinder tatsächlich sehr schnell vorangekommen waren. Sie gaben dann zu, dass ihre Aussage, sie seien „Schnellzünder", erfunden gewesen sei. Die Kinder waren aber trotzdem so schnell vorangekommen, weil ihre Lehrer das von ihnen erwartet hatten. Diese Erwartung hatte sie das ganze Schuljahr hindurch angespornt.

Wie Sie Ihre eigenen Schätze nutzen können

Alles, was Sie in diesem Buch lesen, soll Ihnen helfen, Ihre Stärken zu betonen. Mir fällt dazu die großartige Geschichte von Russell Herman Conwell ein. Geboren 1843, wurde er Verleger, Lehrer und Geistlicher. Eines Tages baten ihn einige junge Leute darum, ihnen für einige Zeit Unterricht zu geben, weil sie sich den College-Besuch nicht leisten konnten. Er fasste daraufhin den Plan, ein College für fähige, motivierte, jedoch finanziell bedürftige junge Menschen zu gründen. So reiste er mit Vorträgen durchs Land, um Geld dafür zu sammeln, und mit diesem gründete er schließlich die Temple University in Philadelphia.

Eine der Geschichten, die er auf seiner Vortragstournee erzählte, lautet so:

Ein Farmer in Australien hatte gehört, dass andere Farmer ihre kleinen Farmen verkauft hatten, um nach Diamanten zu schürfen, und dadurch sehr reich geworden waren. Er wollte nun das gleiche tun. Schließlich fand er einen Käufer für seine Farm, nahm das Geld und begann nach Diamanten zu schürfen. Ein Monat verging, und er hatte noch nichts gefunden. Nach drei Monaten war er immer noch nicht fündig geworden; nach sechs Monaten stand der Erfolg immer noch aus. Nach einem vollen Jahr fruchtlosen Bemühens war er schließlich so verzweifelt, dass er Selbstmord beging, indem er von einer Brücke sprang.

Inzwischen hatte auf seiner ehemaligen Farm der neue Besitzer eines Abends einen Freund zum Essen eingeladen. Sein Freund bewunderte einen großen Stein auf dem Sims des offenen Kamins. Zu seiner Verblüffung stellte er fest, dass es sich um den größten Diamanten handelte, den er je gesehen hatte. Der Farmer erklärte ihm: „Ich habe ihn erst neulich im Fluss auf unserem Grundstück gefunden. Solche Steine liegen hier über viele Hektar des Anwesens verstreut herum!" Die Diamanten waren nur nicht gleich zu erkennen gewesen, weil sie roh und ungeschliffen waren.

Die Moral dieser Geschichte ist einfach. Der erste Farmer ging anderswo auf die Suche nach Diamanten, obwohl er die ganze Zeit auf ihnen gesessen hatte. Er hatte sie nur nicht erkannt, weil sie eine ihm unbekannte Form hatten. Sie waren noch nicht geschliffen.

In diesem Buch geht es nicht darum, dass Sie Ihr Leben ändern, sondern ich möchte Sie auf die Schätze stoßen, die Sie bereits besitzen, aber noch nicht erkennen.

Wenn Michelangelo oder Rodin zum ersten Mal einen Marmorblock sahen, dann sahen sie nicht einfach den Stein vor sich, sondern sie hatten lebhaft das Bild der *Pietà* oder der Plastik *Der Kuss* vor Augen. Sodann machten sich ihre Hände ans Werk, um aus diesem Stück Marmor die wunderschöne Skulptur herauszuarbeiten, die für sie bereits darin steckte und nur darauf wartete, befreit zu werden.

Auch in Ihnen steckt ein geniales Kunstwerk. Und auch Sie sind wie ein Künstler imstande, diese in Ihnen noch eingesperrte Person herauszuholen.

Die erste Frage lautet: Wie können wir das tun? Wie kommen wir aus dem ungesunden Dasein heraus, in dem wir jetzt noch stecken, um ein Leben in Gelassenheit, Frieden, Freude und Glück zu führen?

Ich werde hier nicht versuchen, Sie dazu zu bringen, Ihr Leben zu ändern. Wirklich effiziente spirituelle Meister machen einen einfach darauf aufmerksam, dass man schon kostbare Schätze in sich trägt. Sie alle sagen immer wieder das Gleiche: „Wenn das, was ich sage, irgendetwas Gutes bewirkt, dann hast *du* das zuwege gebracht; wenn es irgendeinen Schaden anrichtet, dann hast *du* ihn ausgelöst." Oder im Osten sagen sie: „Die Natur des Regens ist immer die gleiche. Im Garten lässt er Rosen wachsen, im Sumpf Dorngestrüpp." Ein echter Guru (von *gu* = Finsternis und *ru* = Licht; also einer, der aus der Finsternis der Unwissenheit ins Licht des Verstehens führt) tanzt seinen eigenen Tanz, singt sein eigenes Lied. Sie besorgen das Übrige.

Der erste Schritt in Richtung Nutzung Ihrer eigenen Schätze besteht darin, dass Sie begreifen: Die Welt, von der uns beigebracht worden ist, wir sollten sie als gegeben akzeptieren, ist falsch. Gemeint ist hier die Welt, in der wir meinen, es sei vollkommen normal, sich großartig zu fühlen, wenn man von jemandem gelobt wird oder niedergeschlagen, wenn man kritisiert wird, und sich Sorgen um seine Kinder zu machen und Spannung und Stress in seinem Geschäft oder bei seiner Arbeit zu ertragen.

In dieser verrückten Welt gleicht unser Leben einer Busfahrt. Wir könnten draußen vor den Fenstern unzählige wunderschöne Landschaften mit Bergen, dem Himmel, den Wolken, Flüssen und Meeren sehen – aber wir haben die Jalousien der Fenster heruntergezogen und streiten uns während der ganzen Fahrt darüber, wer ganz vorne auf dem Platz neben dem Fahrer sitzen darf. Wir verbrauchen und erschöpfen unser Leben und unsere Energien mit Belanglosigkeiten: „Reicht uns das Geld für ein Haus, für ein Auto? Wie sollen wir unsere Kinder erziehen? Wo sollen wir wohnen? Soll ich diesen Job oder einen anderen annehmen?"

Nicht dass alle diese Sorgen unwichtig wären. Zuweilen sind, während wir auf diesem vorderen Platz sitzen, Sorgen über unser Geschäft, unsere Familie und unser Haus wichtig. Aber sie dürfen das nicht auf Kosten des Lebens als solchem sein! Diese Sorgen verblassen zur Bedeutungslosigkeit, wenn man damit vergleicht, was einem ihretwegen entgeht. Thomas Carlyle sagte das einmal so: „Das Tragische am Leben ist nicht, wie viel wir leiden, sondern wie viel wir verpassen!"

So bleibt die hartnäckige Frage: „Wie entkommen wir dieser verrückten Welt, in der zu leben uns beigebracht worden ist, und wie genießen wir die wahre Welt, die voller Glück und Frieden ist?"

Darum geht es in der Spiritualität. Es geht um das „Aufwachen." Es geht um das Aufwachen aus einem Dämmerzustand, in den wir von unserer Gesellschaft versetzt worden sind; um das Aufwachen aus einer lebenslänglichen Hypnose. Das ist, als seien wir von Kindheit an unter Drogen gesetzt worden, und dann habe man zu uns gesagt, es gebe ein viel besseres Leben als dasjenige, das wir erfahren. Aber jetzt wollen wir nur noch unsere Droge!

Eine der Drogen, die uns von frühester Kindheit an injiziert worden ist, ist die Droge der „Anerkennung." Wir sind ständig hinter ihr her. Wenn wir sie nicht bekommen, namentlich von unseren „signifikanten Anderen", kommen wir auf Knien dahergekrochen, um sie zu erhalten.

Es fällt nicht leicht, aufzuwachen und den Zugang zu dieser Wirklichkeit zu finden. Das ist so ähnlich wie bei dem Mann, der ins Schlafzimmer seines Sohnes geht und zu diesem sagt: „Jakob, du musst aufstehen. Es ist Zeit, in die Schule zu gehen." Sein Sohn jammert: „Ich möchte aber nicht in die Schule gehen. Ich hasse die Schule. Sie ist furchtbar langweilig. Und außerdem hacken die anderen dauernd auf mir herum." Er erwidert: „Also gut, du hast mir drei Gründe dafür genannt, warum du nicht in die Schule gehen willst. Ich will dir drei Gründe sagen, weshalb du gehen solltest.

Erstens ist das deine Pflicht. Zweitens bist du achtundvierzig Jahre alt. Und drittens bist du der Schulleiter!"

Niemand wacht gerne auf, um aus diesem bequemen Bett herauszusteigen.

Aufwachen: sich in die Gegenwart stellen

Sind die Mittel, die man zum Aufwachen anwendet, esoterisch, mysteriös und nur schwer zu finden? Muss man dazu weit reisen? Muss man sich auf einen Berggipfel setzen und auf seinen Nabel starren?

Ich erinnere mich, wie ich einmal in Indien durch ein kleines Dorf namens Lonavla ging. Meine Uhr war stehen geblieben, und so betrat ich einen Viehstall und fragte den Mann, der dort gerade eine Kuh molk, wie spät es sei. Er hob das Euter der Kuh an und gab zur Antwort: „Es ist vier Uhr." Ich wunderte mich darüber und sagte zu meinem Begleiter, dass ich den Mann noch einmal testen wolle. Fünfzehn Minuten danach ging ich noch einmal hinein und fragte ihn noch einmal nach der Uhrzeit. Wieder hob er das Euter der Kuh an und gab zur Antwort: „Es ist vier Uhr fünfzehn." Das konnte ich nicht fassen. Ich fragte ihn: „Wie können Sie die genaue Zeit angeben, indem Sie einfach das Euter Ihrer Kuh anheben?" Er sagte: „Ich muss es anheben, um auf die Uhr an der Wand da hinten sehen zu können!"

Das ist eine alberne kleine Geschichte, nicht wahr? Aber sie bringt etwas gut auf den Punkt. Am Aufwachen ist nichts Geheimnisvolles. Es ist nur eine Frage des gesunden Menschenverstands.

Der Buddha wurde einmal gefragt: „Könntest du deine Lehre über die Erleuchtung (also das Aufwachen) in einem Satz zusammenfassen?" Er soll zur Antwort gegeben haben: „Ich kann sie in einem Wort zusammenfassen!" „Und wie lautet dieses Wort?" „Achtsamkeit", erwiderte der Buddha. Könntest du das genauer erklären?", wurde er weiter gefragt. „Natürlich", entgegnete der Buddha. „Achtsamkeit ist Achtsamkeit ist Achtsamkeit."

Anthony de Mello pflegte gern zu sagen, die spirituelle Suche führe auf einen Weg ohne Entfernung. „Man geht von dort aus, wo man gerade ist, dorthin, wo man immer schon war: vom Nichtwissen zum Erkennen, denn es geht einzig darum, das, was man immer schon angesehen hat, zum ersten Mal wirklich zu sehen.

Wer hat schon je von einem Weg gehört, der einen zu sich selbst bringt, oder von einer Methode, die einen zu dem werden lässt, der man schon immer war? Und doch geht es bei der Spiritualität letztlich nur darum, dass man der wird, der man in Wirklichkeit ist."

Für den Anfang dieses Abschnitts über die Meditation eignet sich die Geschichte von Helen Keller recht gut. Sie war ein wunderbares Kind, bevor ihre Krankheit sie im Alter von 19 Monaten blind und taub und dann unfähig zum Sprechen machte. Als sie älter wurde, lebte sie ganz abgekapselt für sich und hielt sich nur noch mittels ihrer Instinkte am Überleben, ganz ähnlich, wie das ein Tier tut. Ja, sie verhielt sich derart wie ein Tier, dass sie die Nahrung einfach in ihren Mund stopfte, rannte, wohin sie wollte und gegen Wände, Möbel und Menschen stieß, so dass ihre Eltern kurz davor waren, sie in einem Heim unterzubringen.

Für einen letzten Rettungsversuch holten sie Annie Sullivan zu Hilfe. Annie versuchte, mit ihr eine Kommunikation aufzubauen und benutzte dazu das Fingeralphabet, indem sie die Buchstaben in Helens Handfläche schrieb. Aber sie mochte sich noch so große Mühe geben, sie kam nicht an Helen heran. Diese hielt das bloß für ein Spiel, und zwar für ein dummes, und schien es zu verabscheuen. Schließlich aber kam der unglaubliche Augenblick, der später in dem Stück *The Miracle Worker* auf Bühne und Leinwand gefeiert wurde: An der Wasserpumpe gelang bei Helen endlich der Durchbruch und ihr ging auf, dass das, was ihr als „W-a-s-s-e-r" signalisiert wurde, tatsächlich diese kühle Flüssigkeit bedeutete, die ihr über die Hände lief. Von dieser Wahrnehmung an erfuhr ihr Leben eine Verwandlung. Sie wurde zu einer der hervorragenden Frauenpersönlichkeiten des 20. Jahrhunderts. Jahre später beschrieb Helen diesen Augenblick der „Erleuchtung", also des Aufwachens für den Sinn von Annies Zeichen als die freudigste Erfahrung ihres Lebens. Mit ihr setzte die unglaubliche Verwandlung des wilden und undisziplinierten Kindes zu der außergewöhnlichen Frau ein, die sie wurde.

Aus dieser Geschichte ergeben sich folgende wichtige Punkte:

1. Wir alle brauchen in unserem Leben eine Annie Sullivan, also jemanden, der oder die in Geduld unseren Widerstand dagegen aushält, in der realen Welt zu leben.

2. Der Durchbruch kommt ohne vorherige Ankündigung.
3. Er hat eine vollkommene Verwandlung zur Folge.

Anthony wurde in einem Fernsehinterview nach dem Beten gefragt. Weil man ihn häufig danach fragte, schrieb er in seinem Buch *Sadhana*[2], es überrasche ihn, dass viele Menschen das Beten so schwierig fänden, wo es doch in Wirklichkeit so leicht sei. Er nannte einige Beispiele. Sieht man sich diese Übungen genau an, so stellt man fest, dass es bei ihnen allen um den Versuch geht, den Betenden oder Meditierenden in die Gegenwart zu holen. So sagte er zum Beispiel: „Spüre deinen Rücken hinten am Stuhl, deine Oberschenkel an der Stuhlkante, deine Füße in deinen Schuhen." In gewisser Hinsicht versuchen alle spirituellen Lehrer uns dazu anzuleiten, in der Gegenwart zu leben, in der Gott ist. Er ist nicht in der Vergangenheit oder in der Zukunft, die gar nicht existieren, sondern in der Gegenwart. Wenn es Ihnen also gelingt, sich in die Gegenwart zu versetzen, können Sie auch leicht mit Gott in Berührung kommen, Ihrer höheren Kraft, oder was immer Sie als „Gott" bezeichnen wollen.

Sogar wenn Sie sich zerstreut fühlen, können Sie diese Zerstreuungen (die – wie ich noch zeigen werde – gar nicht so schlimm sind) dazu verwenden, sich in die Gegenwart zu versetzen. Während ich zum Beispiel heute morgen meditierte, ging mir durch den Kopf, wie ich diese Anregung, sich in die Gegenwart zu versetzen, aufs Papier bringen sollte. Ich hatte also eine Handlung, die zum damaligen Zeitpunkt in der Zukunft, also nicht im Realen lag, im Kopf. Aber dann stellte ich den Umstand fest, dass ich diesen Gedanken hatte. Sich dessen bewusst zu werden, was man gerade denkt, ist durchaus ein gegenwärtiger Akt. So benutzte ich also eine Zerstreuung dazu, mich in die Gegenwart zu ver-

---

[2] deutsch: *Mit Leib und Seele meditieren*, Herder Spektrum, Freiburg 1999.

setzen, und zwar einfach dadurch, dass ich sie mir bewusst machte.
Anthony de Mello erzählte immer wieder folgende Geschichte:

Es gab einmal einen Asketen, der immer erst nach Sonnenuntergang ein wenig aß oder trank. Eines Tages begann vom Gipfel eines nahe gelegenen Berges ein heller Stern zu strahlen, den sogar bei hellem Tageslicht alle sehen konnten. Niemand konnte sich erklären, wie der Stern dorthin gekommen war. Aber er schien ein Zeichen der Zustimmung für die strenge Praxis des Asketen zu sein.

Der Asket beschloss eines Tages, den Berg zu besteigen. Ein kleines Mädchen aus dem Dorf wollte ihn unbedingt begleiten und ging mit. Unterwegs drängte er das Kind, es solle etwas trinken, aber es sagte, das wolle es nur tun, wenn auch er etwas trinke. Damit war der arme Mann in der Klemme. Er wollte auf keinen Fall sein Fasten brechen; aber er konnte es auch nicht ertragen, das Kind Durst leiden zu sehen. Schließlich trank er etwas, und das Kind trank auch.

Lange Zeit wagte er nicht mehr zum Berg hinauf zu schauen, denn er befürchtete, der Stern sei verschwunden. Aber schließlich warf er doch einen Blick nach oben. Man stelle sich seine Verblüffung vor, als er jetzt da oben auf dem Berg zwei *Sterne strahlen sah.*

In einer anderen Geschichte wird die Wirkung der Erleuchtung veranschaulicht:

Ein Schüler kniete am Boden, um sich in die Jüngerschaft einführen zu lassen. Der Guru flüsterte ihm das heilige Mantra ins Ohr und warnte ihn, es ja niemandem weiterzusagen.

„Was würde passieren, wenn ich das täte?“, fragte der Schüler.

Darauf gab der Guru zur Antwort: „Jeder, dem du das Mantra weitersagst, wird von der Fessel der Unwissenheit und des Leidens befreit werden, aber du selbst wirst aus der Jüngerschaft ausgeschlossen werden und der Verdammnis anheimfallen.“

Kaum hatte der Schüler diese Worte vernommen, da eilte er auf den Marktplatz, versammelte eine große Menge um sich und brachte allen das heilige Mantra bei.

Die anderen Schüler des Gurus berichteten diesem davon und verlangten, er solle den Mann wegen seines Ungehorsams ausschließen.

Aber der Guru erwiderte lächelnd: „Er braucht nichts von dem, was ich ihn lehren kann. Mit seiner Tat hat er gezeigt, dass er auf seine ganz eigene Art ein Guru ist.“

Der Unterschied zwischen Wissen und Erleuchtung ist der: Mit dem Wissen verfügt man über eine Fackel, die den Weg erhellt. Mit der Erleuchtung *ist* man die Fackel.

Spirituelle Meister versuchen nicht, das Leben der Menschen zu ändern. Sie weisen nur auf die verrückten Zustände hin und legen die Illusionen bloß, die die Leute hegen. Wenn einem die Augen aufgehen und man sich bestimmter Dinge bewusst wird, setzt die Verwandlung ein. Man muss dazu gar nichts *tun*. Man muss nur hinsehen. Das mag einfach sein, aber leicht ist es nicht. Warum?

1. Weil Sie, wie wir bereits gesehen haben, wie ein Drogensüchtiger durch die Welt gehen. Stellen Sie sich vor, einem Kind würde von Geburt an regelmäßig Heroin injiziert und man würde das fortsetzen, bis es in seine zwanziger Jahre kommt. Dann würden Sie zu diesem Menschen sagen: „Ge-

nieße den Sonnenuntergang. Iss gesunde Vollwertkost." Das wäre Unsinn. Dieser Mensch wäre nur noch auf die Droge aus. Genauso steht es auch mit Ihrem Leben – Sie verdrängen da so ungeheuer viel.

2. Zudem gleicht Ihr Leben einem hypnotischen Zustand. Jeder hat wohl schon einmal eine Showeinlage mit einem Hypnotiseur gesehen: Da kommen Leute aus dem Publikum allzu gern nach vorn auf die Bühne. Sie ernten schallendes Gelächter, wenn sie sich die Kleider ausziehen, weil man ihnen suggeriert hat, es sei im Raum sehr heiß, oder wenn sie sich zusammenkuscheln, weil sie meinen, es sei furchtbar kalt. Warum lacht das Publikum? Weil es so lustig ist, mit anzusehen, wie leicht jemand sich nach dem richtet, was jemand anderer ihm suggeriert.

3. Wir leben in einer Traumwelt. Wie kann man jemandem beibringen, dass es eine andere, „reale" Welt gibt, wenn er oder sie fest davon überzeugt ist, dieser Traum sei die Realität?

4. Versuchen Sie, einem blind geborenen Menschen die Farbe Grün zu erklären. Dieser Mensch verfügt über nichts, was er damit verbinden kann. Manche werden es mit Analogien versuchen: „Die Farbe Grün ist wie sanfte Musik. Oder sie ist wie weicher Samt." Am schlimmsten wird es, wenn zwei streiten: „Nein, Grün ist Musik!" – „Nein, Grün ist Samt!" Als nächstes schlagen sie dann deswegen mit Prügeln aufeinander ein. Keiner von beiden hat Recht, aber sie kämpfen, um ihren Standpunkt zu verteidigen. Anthony pflegte zu sagen: „So übernimmt schließlich mancher diese Ansicht, und jemand anderer sagt zu ihm: ‚Jetzt weißt du also, was die Farbe Grün ist!' ‚Ja', erwidert er, ‚ich habe es heute Vormittag gehört.'" Wie albern! Selbst wenn uns die Realität glas-

klar vor Augen liegt, bleiben wir unseren bisherigen Überzeugungen verhaftet.

Was müssen Sie tun, um aufzuwachen?

Zuallererst einmal *zugeben, dass Sie schlafen.* Oder, um es anders zu sagen, dass Sie nicht mit der Realität in Kontakt sind. Anthony Robbins hat es einmal so gesagt: Sie sind nicht in Kontakt mit der Realität, sondern mit Ihrer Vorstellung von der Realität. Alle Ihre Empfindungen und Emotionen werden von diesen Vorstellungen ausgelöst. Nehmen wir als Beispiel einen Mann, der einer Frau die Tür aufhält. Eine Frau denkt deswegen bei sich: „Der ist aber höflich, freundlich, aufmerksam!" Eine andere dagegen: „Dieser chauvinistische Macho. Meint der, eine Frau kann nicht selber die Tür aufmachen?"

Können Sie sich die Emotionen vorstellen, die mit diesen beiden unterschiedlichen Vorstellungen einhergehen? Wir sind davon überzeugt, dass wir etwas wissen. Aber unsere Sinne strafen uns dauernd Lügen.

Zweitens, *kultivieren Sie Ihre Fähigkeit zum Hören.* Ein alter Spruch lautet: „Lerne zu hören und höre, um zu lernen." Fragen Sie sich: Höre ich, um etwas Neues zu entdecken, oder höre ich nur, um bestätigt zu bekommen, was ich bereits glaube oder weiß?

Anthony erzählte häufig folgende Geschichte:

Ein Mann traf einen anderen und sagte zu ihm: „Henry, du warst doch immer so groß, und jetzt bist du so klein. Du warst immer so dunkel, und jetzt bist du so hell. Du warst immer so gut beieinander, und jetzt bist du so dünn."

„Aber ich bin gar nicht Henry", entgegnete der Mann.

„Was, du hast inzwischen sogar einen anderen Namen?“

Wir haben nicht alle Antworten, aber trotzdem möchten wir nicht die Richtung ändern, wenn wir sehen, dass wir dort, wohin wir gehen, nicht an das Ziel kommen, das wir erreichen wollen. Unlängst machte man mit Ratten einen wissenschaftlichen Test in einem Labyrinth. Man setzte die Ratten in das Labyrinth, und an das Ende des Labyrinths legte man ein Stück Käse. Wenn eine Ratte auf eine Wand stieß, schnupperte sie herum und ging dann in eine andere Richtung. Sie änderte solange immer wieder ihre Richtung, bis sie ans Ende des Labyrinths und damit an den Käse gelangte. Wie anders verhalten wir Menschen uns da! Wenn wir auf eine Wand auflaufen, rennen wir mit dem Kopf gegen die Wand an, statt einige Schritte zurückzutreten und eine andere Richtung zu finden.

Drittens, *werden Sie kritisch wach*. Sie müssen nicht alles schlucken, was Sie hören. Andererseits müssen Sie auch nicht alles energisch angreifen. Und Sie müssen nicht allem zustimmen, was Sie hören. Von einem Jesuitenoberen wird erzählt, er habe im Ruf gestanden, der beste Obere zu sein, den man im Orden je hatte. Eines Tages fragte ihn jemand nach dem Geheimnis seines Erfolgs. Er gab die Antwort: „Das ist ganz einfach. Ich bin immer mit allem einverstanden, ganz gleich, was man mir sagt.“ Da entgegnete der Frager: „Aber das ist doch dumm. Sie können nicht mit allem einverstanden sein, ganz gleich, was man Ihnen sagt.“ Und der Obere gab zur Antwort: „Da gebe ich Ihnen Recht. Es ist dumm. Ja, es ist tatsächlich verrückt, mit jedem, der daherkommt, einverstanden zu sein.“

Der Buddha sagte einmal: „O Mönche und Gelehrte, ihr müsst nicht mit allem einverstanden sein, was ihr mich sagen hört. Vielmehr müsst ihr es mit meinen Worten machen wie ein Goldschmied: Er reibt, kratzt, schneidet und schmilzt das Gold."

Ein Zusammenhang zwischen der Religion und dieser Aufgabe, aufzuwachen, zu hören und kritisch wach zu sein, muss erwähnt werden. Die Religion sollte einen auf all das eigentlich gut vorbereiten, aber oft tut sie das nicht. Da war einmal ein kleiner Junge, der immer wieder von seinen Spielen erst lange nach Einbruch der Dunkelheit heimkam, so dass seine Mutter fast krank vor Sorgen wurde. Da erklärte sie ihm, wenn er *nach* Einbruch der Dunkelheit heimkomme und den Wald durchquere, sei das die Zeit, in der gewöhnlich die Geister und Ungeheuer erwachten und über ihn herfallen könnten. Das machte ihm solche Angst, dass er von da an immer *vor* Anbruch der Dunkelheit heimkam.

Aber diese List ging nach hinten los. Eines Abends wollte ihn seine Mutter noch zum Milchholen schicken. Er weigerte sich mit der Begründung, im Wald könnten die Geister auf ihn losgehen. Da hängte ihm seine Mutter, eine sehr fromme Frau, eine Medaille mit einem Heiligen um und erklärte ihm, diese Medaille biete ihm sicheren Schutz. Da zog der Junge mit *zwei* Ängsten los: Mit seiner Angst vor den Geistern und mit der Angst, die Medaille zu verlieren.

Anthony kommentierte dies so: „Schlechte Religion lehrt den Glauben an Medaillen. Gute Religion lehrt, dass es keine Geister gibt!" Zu diesem Thema gibt es von ihm auch die folgende geistreiche Äußerung: „Seid auf der Hut, ihnen nicht zu früh die Religion einzuimpfen. Es könnte sein, dass sie, wenn sie älter werden, nicht mehr für das Wesentlichere offen sind." Wenn Sie sich nun nach Kräften bemüht haben, für dieses Aufwachen bereit zu sein, stellt sich Ihnen dann die Frage: „Was soll ich also jetzt tun?" Wenn Sie darüber nachdenken, mit welchen Mitteln man sein Aufwachen bewerkstelligen könne, behalten Sie Folgendes im Hinterkopf:

Die Dinge verstehen ist gleich lernen; andere verstehen ist gleich Weisheit; aber sich selbst verstehen ist gleich Erleuchtung!

Bedarf es großer Anstrengung, um das fertig zu bringen? Müssen Sie dazu Ihr Geschäft oder Ihre Familie aufgeben und sich schleunigst in ein Kloster oder auf einen Bergesgipfel begeben? Ganz und gar nicht. Anstrengung ist hier ganz fehl am Platz. Das ist wie mit der Schlaflosigkeit: Alle Anstrengung der Welt hilft Ihnen nicht beim Einschlafen. In diesen Fällen funktionieren Anstrengung und Kraft einfach nicht. Warum sollte das dann auf dem Gebiet der Spiritualität funktionieren? Alle wirklich guten Dinge des Lebens sind gratis: der Glaube, der Appetit, die Liebe, die Bewunderung; sie sind keine Sache der Willensanstrengung des Menschen.

Achtsamkeit wird nur durch ein schlichtes Tun des Menschen erreicht: durch Selbstbeobachtung. Mit Selbstbeobachtung meine ich die Übung, alles, was in einem und um einen vorgeht, so zu beobachten, als geschehe es einem anderen. Diese Beobachtung sollte kommentarlos bleiben, ohne Stellungnahme, ohne Urteil.

Spirituelle Grundsätze

Der bereits erwähnte Deepak Chopra nannte in seinem Buch *Die sieben geistigen Gesetze des Erfolgs* drei Dinge, die für das erforderlich seien, was ich als Gotteserfahrung bezeichnen würde. Er bringt sie allen seinen Patienten bei und sie wirken für deren Gesundheit Wunder.

1. *Schaffe in deinem Leben Schweigen.*
Denken Sie zum Beispiel an den Mystiker, der das vierzig Jahre lang tat, und am Ende legten sich Tiger zu seinen Füßen und Schlangen wanden sich liebevoll um seine Beine.

Gleicht das nicht der Geschichte von Franz von Assisi, der eine besondere Beziehung zur Tierwelt hatte?

Schweigen schafft man durch Meditation.

2. *Lerne, in Kommunikation mit der Natur zu treten und dich mit ihr vertraut zu machen.*
Die meisten Menschen tun das ohnehin schon gern. Auf einen Berg steigen und einem Sonnenuntergang zusehen, am Meer entlang wandern und dem Geräusch der Wellen zuhören, in einem Wald spazieren gehen und das Rauschen der Bäume und das Zwitschern der Vögel hören – welchen Frieden und welche Freude bringt das dem Herzen des Menschen. Ein Buch des vietnamesischen buddhistischen Mönchs Thich Nhat Hanh handelt sogar vom Glück, einen Baum zu umarmen!

3. *Gib dein Bedürfnis auf, zu bewerten, zu deuten, moralische Urteile zu fällen.*
Anthony de Mello stellte klar: „Warum das Urteilen aufgeben? Weil alle deine moralischen Urteile ohnehin bloß von deiner Konditionierung stammen!" Der Grund, weshalb Sie die Gesellschaft bestimmter Menschen bevorzugen und andere meiden, ist der, dass Ihnen sorgfältig bestimmte Vorlieben und Abneigungen anerzogen worden sind.

Diese Selbstbeobachtung wird auch als „passive Loslösung" bezeichnet. Wenn etwas Bestimmtes in Ihrem Leben passiert – zum Beispiel, wenn Sie eine negative Erfahrung machen, etwa abgelehnt werden oder depressive Gefühle haben –, dann versuchen Sie nicht, das zu ändern. Sehen Sie das genau an; verstehen Sie es. Sprechen Sie nicht in der Ich-Form davon, indem Sie sagen: „Ich bin deprimiert", „Ich werde abgelehnt." Seien Sie wie der Himmel: Sehen Sie diese Wolken in Ihr Leben einziehen und wieder aus ihm wegziehen. Sie *sind* nicht Ihre Depression oder Ihr Abgelehntwerden, genauso wenig, wie Sie Ihr Job, Ihre Karriere, Ihr Name, Ihr Ruf und nicht einmal Ihr Körper sind („Ich bin dick", „ich habe eine Glatze", „ich bin wunderschön" usw.).

Stellen Sie sich vor, Sie sind die Mutter oder der Vater eines kleinen Kindes, das Sie von Herzen lieben. Aber Sie wissen, das ist eben ein Kind und es hat gerade einen Wutanfall. Es bekommt gerade bei etwas nicht seinen Willen und hat sein hübsches kleines Gesicht vor Wut, Verletztsein und Brüllen derart verzerrt, dass Sie geradezu darüber schmunzeln müssen. „Ach ja, das ist ja ganz in Ordnung. Es lebt in seiner kleinen Kinderwelt." Aber was es gerade unbedingt haben will, ist nicht gut für es, und so geben Sie klugerweise seinem Gebrüll nicht nach. Wenn Sie ihm dann nach Jahren, im Erwachsenenalter, von diesem Vorfall erzählen, wird es sicher sagen: „So habe ich mich aufgeführt? Na ja, da war ich halt noch ein Kind. Ich lebte in einer ganz anderen Welt."

An dieser Analogie zum Aufwachen gefällt mir besonders, dass man Menschen, die einen kritisieren oder unfair behandeln, genauso ansehen kann wie dieses kleine Kind. Man kann sie sogar lieben, weil man sieht, dass sie in einer verrückten Welt leben, in der ihnen durch ihre spezielle Konditionierung völlig andere Werte und Prioritäten eingehämmert wurden. Lassen Sie sich nicht in deren kleine Welt, in deren ungesunde Vorstellungen einwickeln!

Das Traurige daran ist, dass diese Menschen gar nicht aus dieser Welt mit ihren vielen Verrücktheiten heraus wollen. Sie überpflastern ihre Wunden. Sie suchen nicht Heilung, sondern Erleichterung. Aber nur echte Spiritualität führt zur Heilung. Sie versetzt Sie in eine Erwachsenenwelt, während sich der Rest der Menschheit auf der Spielwiese des Kindergartens tummelt und sich mit seinem Spielzeug aus Geschäftswelt, Regierung und Unterhaltungsindustrie beschäftigt. Die Spiritualität weckt Sie auf und versetzt Sie aus dieser kindischen Welt in eine Erwachsenenwelt, in der Sie paradoxerweise dem Kind in sich wieder freien Raum geben können. Nicht umsonst sagte Jesus, der größte aller spirituellen Meister, einmal: „Wenn ihr nicht werdet wie die Kinder, könnt ihr nicht ins Himmelreich kommen.“

Eines der kostbarsten Geschenke der Spiritualität (oder des „Aufwachens“) ist die Freiheit. Zunächst ist das die Freiheit, alles das zu sein, was Sie sind und sein können. Sodann ist es die Freiheit vor der Angst: vor der Angst, zu versagen, abgelehnt zu werden, zu sterben. Das sollte Ihnen eigentlich die Religion bescheren. Die Religion ist wie ein Finger, der zum Mond zeigt, aber törichterweise klammern wir uns an alles, womit uns die Religion festhält, an Riten und Dogmen, und vergessen darüber die Richtung, in die zu gehen sie uns anweist.

Ich entsinne mich, wie Anthony zum ersten Mal von einem kommerziellen Fernsehsender interviewt wurde. Die Interviewerin Dorothy Farley fragte ihn, warum er so beliebt sei und so viele Menschen ihn hören wollten. Seine Antwort lautete ungefähr so: „Ich denke, die Menschen haben das Gerede von Gott satt. Was sie brauchen und sich wünschen, ist eine Erfahrung Gottes in ihrem Leben. Sie hören so viele Worte, Worte, Worte. Das ist, als wenn man in ein Restaurant ginge und den ganzen Abend lang in der Speisekarte lesen, aber nie das köstliche Gericht serviert bekommen würde. Ja noch schlimmer: Das ist, als esse man die Speisekarte auf!“

Wenn Sie ein Ihnen wichtiger Mensch beleidigt, sollten Sie sich darüber ärgern. Wenn man Sie nicht wegen der guten Arbeit, die Sie liefern, schätzt, ist es nur normal (so heißt es), dass Sie sich verletzt und deprimiert fühlen. Wenn Ihr bester Freund oder Ihre beste Freundin sich von Ihnen abwendet und sich aus Ihrem Leben verabschiedet – oder schlimmer noch: sich jemand anderem (womöglich sogar jemandem, den Sie nicht ausstehen können) an den Hals wirft, müssen Sie sich weggeworfen, einsam, ja wertlos fühlen.

Die Spiritualität lehrt, dass alle diese so genannten „normalen", „natürlichen" Reaktionen nicht wirklich natürlich sind, sondern anerzogen, beigebracht, eingeimpft, erlernt. Die Spiritualität sagt, dass es eine bessere, gesündere Lebensart gibt.

Machen Sie sich zunächst einmal klar, dass diese verrückte, ungesunde Daseinsweise so nicht weitergehen muss. Sie sind von frühester Kindheit an wie ein Süchtiger mit dieser Droge behandelt worden.

Machen Sie sich zweitens klar, dass es nichts hilft, wenn Sie auch noch so sehr dagegen aufbegehren und aus diesen verrückten Verhältnissen herauskommen wollen. Auf diese Weise kommen Sie nicht heraus. Wir sind mit der Vorstellung hypnotisiert: „Es geht schon. Das wird sich schon noch bessern." Das ist, wie wenn man Stationsleiterin in einer Anstalt für Geisteskranke wäre.

Drittens, entwickeln Sie die Fähigkeit zum Hören. In einer Geschichte über den türkischen „Eulenspiegel" Nasruddin wird erzählt, er habe mit seinem Musikinstrument immer nur eine Note gespielt. Seine Jünger seien ganz verrückt geworden, als sie mit anhören mussten, wie er immer nur diesen einen Ton geklimpert habe. Ganz verzweifelt hätten sie geklagt: „Mullah, warum spielst du nie eine richtige Melodie?" Er habe verächtlich geantwortet: „Alle andern suchen immer noch nach dem richtigen Ton. Ich habe ihn schon gefunden." Und er habe weiter seinen einen Ton geklimpert.

Erst wenn Sie in Ihrem Leben Schweigen schaffen, können Sie hören. Und erst wenn Sie zugeben, dass Sie nichts wissen, werden Sie für die Offenbarung offen, dass Gott in allen Dingen ist. Gott ist in seiner Schöpfung so, wie die Stim-

me des Sängers in seinem Lied ist. Wie können Sie dem Lied zuhören und dabei nicht den Sänger erkennen? Wie können Sie einem Tanz zuschauen und nicht die Tänzerin sehen? Zuweilen sind wir wie der Mensch, der hörte, jemand sei gerade ganz hingerissen von der Schönheit des Sonnenuntergangs, und hinrannte, um diese „Schönheit" auch zu sehen. Ihm war nicht klar, dass „Schönheit" kein Gegenstand ist. Schönheit ist eine bestimmte Art des Sehens.
Eine vorzügliche Geschichte illustriert das Hören. Es ist für mich die schönste Geschichte, die Anthony jemals erzählte:

Auf einer Insel stand ein Tempel mit großen, mittleren und kleinen Glocken, die von den besten Glockengießern der Welt angefertigt worden waren. Wenn der Wind blies, erklangen die Glocken in einer Symphonie, die das Herz dessen, der sie hörte, zutiefst berührte und ihn geradezu in Ekstase versetzte. Aber eines Tages versank die Insel im Meer, und mit ihr versanken der Tempel und seine Glocken.

Einer Legende zufolge konnte aber jemand, der aufmerksam hinhöre, die Glocken immer noch klingen hören könne und das Herz des Hörenden dann ekstatisch entzückt werde. Ein junger Mann reiste Tausende von Meilen, um zu überprüfen, ob diese Legende stimme. Er setzte sich gegenüber der Stelle, an der die Insel im Meer versunken war, auf den Sand und horchte angespannt, ob er die Glocken höre. Doch alles, was er hören konnte, war das Geräusch der ans Ufer schwappenden Wellen.

Nach mehreren Wochen fruchtlosen Bemühens ging er zur Stadt hinauf und hörte die Weisen erzählen, dass diese Legende stimme; wer diese Glocken höre, falle in Ekstase. Von diesen Erzählungen angefeuert, kehrte er wieder an seine Stelle am Sandstrand zurück und horchte noch intensiver, ob er nicht die Glocken höre. Doch er hörte nichts anderes als wiederum das Schwappen der Wellen ans Ufer. Nach mehreren erfolglosen Wochen sagte er sich: „Vielleicht ist es mir nicht bestimmt, die Glocken zu hören, oder vielleicht stimmt die Legende doch nicht." So beschloss er, heimzugehen und dieses Unternehmen aufzugeben. Nachdem er seine Sachen gepackt hatte, beschloss er, noch ein letztes Mal die Stelle aufzusuchen, um dem Sand, den Kokospalmen und dem Himmel dort Lebwohl zu sagen. Er legte sich noch einmal in den Sand und hörte wie immer das Geräusch der ans Ufer brandenden Wellen. Dieses Mal versuchte er nicht, dieses Geräusch zu überhören. Aber als er auf das Geräusch der Wellen hörte, entstand in ihm ein derart tiefes Schweigen, dass er sich kaum mehr seiner selbst bewusst war.

Und in der Tiefe dieses Schweigens vernahm er den ersten Glockenschlag, dann einen zweiten und weitere, bis er eine volle Symphonie von Glocken hörte. Und sein Herz war hingerissen und schwebte in Ekstase.

Anthonys Kommentar dazu war: Wenn du die Glocken hören willst, dann horche auf das Geräusch des Meeres.

2 Glück

Immer, wenn du denkst, du seiest nicht glücklich, sage „Ich bin glücklich". Sage es dir ganz fest, auch wenn deine Gefühle dagegen sprechen. Denk daran, sie bringen dein Bild von dir selbst zum Ausdruck, nicht dich. So schnell, wie ein Fisch durchs Wasser flitzt, kannst du unverzüglich in eine glückliche, ausgeglichene Einstellung schlüpfen.

T. Tulku Rinpoche

Man kann zweifellos sagen, dass das Glück, als grundsätzliches Thema der Spiritualität, für jeden Menschen wichtig ist, der seine Lebensziele zu erreichen versucht. Alle Menschen streben nach: Glück, Erfolg, Freude, Friede, Gelassenheit. Die Frage, die uns alle beschäftigt, ist: Wie erreicht man das?

Der heilige Augustinus sagte einmal: „Du hast uns auf Dich hin erschaffen, o Gott, und ruhelos ist unser Herz, bis es Ruhe findet in Dir." Warum fanden sich im Lauf vieler Jahrhunderte Millionen von Menschen in diesen Worten wieder?

Zu diesem Thema gibt es eine Fülle von Geschichten. Anthony de Mello erzählte häufig die folgende:

Ein Rabbi hatte viele Jahrzehnte lang treu seine Pflichten an der Synagoge erfüllt. Eines Tages bat er Gott, ihm einen Wunsch zu erfüllen. „Gott, du weißt, wie treu ich in den vergangenen siebzig Jahren gewesen bin und wie fromm auch meine Frau dir gedient hat. Jetzt bitte ich dich um einen Gefallen: Lass mich in der Lotterie gewinnen!“

Es vergingen einige Wochen, aber nichts geschah. Es vergingen einige Monate... nichts! Etliche weitere Monate vergingen, und als immer noch nichts passierte, trat der Rabbi an den Schrein der Synagoge und rief laut: „Gott, gib mir doch endlich eine Chance!“ Da vernahm er die Antwort Gottes: „Gib endlich du mir eine Chance. Kaufe ein Los!"

Wenn man die Heilige Schrift durchsieht, findet man Aussagen wie: „Die ganze Schöpfung ist der Freude voll!" Wie kommt es, dass wir das nicht erfahren?

Der östliche Dichter Kabir pflegte zu sagen: „Ich musste lachen, als sie mir sagten, der Fisch im Wasser sei durstig!" Nur der Mensch ist ein durstiger Fisch.

Der Grund dafür, weshalb diese Geschichte und diese Aussprüche eine Saite in Ihrem Herzen zum Klingen bringen, ist, dass das Glück nicht etwas ist, wonach Sie streben müssen. Sie haben es bereits. Sie müssen nichts tun, um die Sonne aufgehen zu lassen. Öffnen Sie einfach die Fensterläden und lassen Sie ihr Licht und ihre Wärme hereinfluten.

Zur Veranschaulichung dieses Punktes will ich Ihnen die Geschichte vom kleinen und vom großen Fisch erzählen:

Ein kleiner Fisch schwimmt zu einem großen Fisch und sagt zu ihm: „Du bist viel größer als ich, viel intelligenter und erfahrener. Kannst du mir sagen, wo das Meer ist?“ Der große Fisch sieht ihn an und erwidert: „Das Meer? Das ist doch rings um dich herum. Du schwimmst in ihm." Da blickt ihn der kleine Fisch verächtlich an und entgegnet: „Sage keinen solchen Unsinn. Das ist doch nur Wasser", und er schwimmt weg und sucht weiter nach dem Meer.

In Indien erzählt man sich die folgende Geschichte von Nasruddin, der offensichtlich für viele Späße herhalten muss:

Nasruddin kniet vor seiner Hütte auf dem Boden und sucht etwas im Gras. Einige seiner Jünger kommen vorbei, sehen ihn in dieser unrühmlichen Haltung und fragen ihn: „Mullah, hast du etwas verloren?" Er gibt zur Antwort: „Ja, ich habe den Schlüssel zu meiner Hütte verloren!" So knien sich auch alle Jünger auf den Boden und helfen Nasruddin beim Suchen. Nach ungefähr einer Viertelstunde ergebnislosen Herumsuchens fragt ihn einer der Jünger: „Mullah, hast du irgendeine Ahnung, an welcher Stelle du den Schlüssel verloren hast?" „Natürlich", erwiderte Nasruddin, „drinnen im Haus!" – „Und warum, in Himmels Namen, suchen wir ihn dann hier draußen?" Nasruddin sagte hierauf: „Weil es hier viel heller ist und man besser sehen kann!"

Eine weitere Geschichte illustriert diesen Punkt besonders gut:

Einem Schotten namens McGregor wurde im Traum wiederholt gesagt, er solle in den Süden nach London reisen und dort zu einer bestimmten Brücke gehen; dort werde er einen Schatz finden, mit dem seine Geldsorgen für immer behoben sein würden. Schließlich fasste er den Mut, seinem Traum Folge zu leisten und machte sich auf den weiten Weg nach London. Als er an die Brücke kam, sah er, dass sie von der berühmten Wache der „Beefeaters" streng bewacht wurde, und er traute sich nicht, unter ihr nach dem Schatz zu suchen. Der Hauptmann der Wache sah ihn etliche Tage lang um die Brücke herumstreichen und stellte ihn zur Rede. McGregor fasste Vertrauen zu ihm und erzählte ihm von seinem Traum. Da lachte der Hauptmann und sagte: „Willst du mir allen Ernstes sagen, dass du an Träume glaubst? Ich träume auch öfter etwas, aber ich müsste ja schön dumm sein, wenn ich das ernst nehmen würde. Mir wird im Traum immer wieder gesagt, ich solle nach Norden reisen, und zwar nach Schottland, und dort einen gewissen McGregor ausfindig machen. Unter dessen Ofenrohr warte ein Schatz auf mich."

McGregor bekam große Augen, als ihm der Hauptmann das erzählte. Er machte auf der Stelle kehrt, eilte nach Schottland in sein Haus heim, sah unter seinem Ofenrohr nach und fand seinen Schatz.

Wenn das Glück nicht herbeigeführt werden muss, weil es uns schon umgibt, wir es also bereits haben, warum erfahren wir es dann nicht?

Im Osten gibt es den weisen Spruch: „Wenn das Auge nicht beeinträchtigt ist, kommt es zum Sehen; wenn das Ohr nicht beeinträchtigt ist, kommt es zum Hören; wenn der Geist nicht beeinträchtigt ist, kommt es zu Weisheit; und wenn das Herz nicht beeinträchtigt ist, kommt es zur Liebe."

Der Grund dafür, dass wir das Glück, das wir bereits besitzen, nicht erfahren, ist der, dass *wir* uns vor ihm verschließen. Die Fensterläden, von denen ich beim Vergleich mit der Sonne sprach, sind die Mythen und Illusionen, die wir pflegen. Ist unser Geist erst einmal auf sie fixiert, so ist es fast unmöglich, sie aus dem Weg zu räumen.

Ich entsinne mich einer Geschichte, die der damalige Erzbischof der Bahamas Lawrence Burke SJ erzählte. Er musste einmal ins Krankenhaus und lag dort zufällig neben einem Iren. Erzbischof Burke war trotz seines irisch klingenden Namens Jamaikaner und schwarz. Als am folgenden Tag der Krankenhauspfarrer kam, um den Patienten die Kommunion zu spenden, sah er auf seine Liste und las, dass in diesem Zimmer „Bischof Burke" dafür vorgesehen sei. Aus der Überzeugung, der Schwarze sei bestimmt nicht Bischof oder heiße Burke, reichte er dem Iren im Bett nebenan die Kommunion. Erzbischof Burke hielt das für ein Versehen, wie es vorkommen kann, aber als am Tag darauf eine Ordensschwester mit der Kommunion kam und es genauso machte, beschloss er, das Missverständnis zu beheben. Man muss dem Erzbischof zugute halten, dass er diese Geschichte ohne Groll oder Vorwurf erzählte. Aber sie führt ganz deutlich vor Augen, wie leicht man sich bestimmte feste Vorstellungen macht und wie schwierig es ist, diese wieder abzubauen.

Um das Glück, das uns bereits beschieden ist, erfahren zu können, müssen wir die schmerzhafte Kunst erlernen, uns von unseren Illusionen zu trennen. Das ist schmerzhaft, weil sie in unserer Psyche tiefe Wurzeln geschlagen haben und man das Gefühl hat, als reiße man sich die eigenen Eingeweide heraus, wenn man ihr Wurzelwerk ausreißt. Die Kunst, uns von Illusionen zu trennen, ist deshalb so schwierig, weil wir so stark zur Verdrängung neigen. Wo immer eine tief verwurzelte Sucht vorliegt, ist auch Verdrängung im Spiel. Wenn man Alkoholikern oder Drogensüchtigen den Schaden vorhält, den sie ihren Familien oder Betrieben oder ihrem persönlichen Leben zufügen, schauen sie einem direkt in die Augen und sagen: „Ich habe kein Problem!"

Wie soll man Menschen, die in einem Traum gefangen sind, beibringen, dass es eine andere Welt gibt, nämlich die Realität, wenn sie einzig und allein ihren Traum für die Realität halten? Wie erklärt man einem blind geborenen Menschen, der den ganzen Tag im Finstern sitzt, die Erfahrung des Lichts? Die Finsternis kann man nicht mit einem Besen auskehren, das heißt, mittels Diskussionen oder eines Studienausschusses. Man muss eine Kerze anzünden oder den Schalter betätigen. Und siehe da, dann ist die Finsternis vorbei.

Illusionen

Eine Kerze anzuzünden oder einen Schalter zu betätigen heißt einfach, sich auf die Illusion zu konzentrieren und sie als solche zu entlarven. Der erste Schritt besteht darin, zu verstehen, dass das, was man anschaut, eine Illusion ist. Sehen wir uns wenigstens einige Illusionen an. Tilgen Sie diese Illusionen aus ihrem Leben, und Sie werden gewaltiges Glück erfahren.

1. Illusion: „Ich werde Erfolg, Freude und Glück erleben, wenn ich die äußeren Dinge meines Lebens in den Griff bekomme oder ändern kann."
Das wäre zum Beispiel, wenn ich mir einen anderen Chef oder eine andere Arbeitsstelle suchen würde, oder wenn alle, mit denen ich zu tun habe – meine Untergebenen, Mitarbeiter, Geschäftspartner – mit allem einverstanden wären, was ich tue. Oder wenn ich meine Nachbarn oder meinen Ehepartner ändern könnte, usw.

Dieser Auffassung, die unbewusst in Ihr Denken eingezogen ist und es beherrscht, liegt die Vorstellung zugrunde, dass Erfolg das gleiche sei wie die Kontrolle über äußere Dinge, Menschen, Geld und Vorgehensweisen. Aber dadurch, dass Sie äußere Dinge in den Griff bekommen, finden Sie genauso wenig Erfolg bei Ihrer Arbeit oder Glück in Ihrem Leben, wie wenn Sie Ihr Denken ändern wollten, indem Sie einen neuen Hut aufsetzen, oder Ihre Handschrift, indem Sie sich einen neuen Füllfederhalter zulegen. Dabei investieren Sie Ihre gesamte Energie und Fähigkeit darin, diese äußeren Dinge in den Griff zu bekommen. Es ist, als wollten Sie Ihren gesamten Lebensweg sauber pflastern, damit Ihren bloßen Füßen kein Kies und kein Stein wehtun können. Sie können das zwar tun, aber das wird Ihre gesamte Zeit, Energie und Fähigkeit in Anspruch nehmen. Es wäre gescheiter, Sie würden sich einfach ein Paar gute Wanderschuhe kaufen.

2. Illusion: „Es ist wichtig, geliebt zu werden, wichtig zu sein, geachtet und geschätzt zu werden."

Geliebt zu werden? Der Mensch kommt mit zwei natürlichen Bedürfnissen zur Welt: zu lieben und frei zu sein. Verlegen Sie Ihre gesamte Aufmerksamkeit darauf, von anderen gut zu denken, statt deren Anerkennung, Zuneigung und Liebe zu suchen, und Sie werden einen deutlichen Unterschied in Ihrem Leben spüren.

Wichtig zu sein? In meiner Jugend nahm mich mein Vater gelegentlich mit an seine Arbeitsstelle, eine psychiatrische Einrichtung. Bei einer dieser Gelegenheiten konnte ich durch die Flurtüren einen Patienten mit einer Königskrone aus Pappmaché sehen. Er saß auf einem Stuhl, von dem er den anderen Patienten eingeredet hatte, das sei sein Thron, und er versprach ihnen, wenn sie vor ihn träten und ihm die Hand küssten, werde er ihnen besondere Privilegien verleihen. Ich war schockiert, als sich die anderen Patienten tatsächlich kichernd hintereinander aufstellten und ihm huldigten.

Anthony de Mello pflegte zu sagen, wir lebten in einer weltweiten Irrenanstalt. Und da gibt es immer solche, die verkünden: „Ich bin der Chef, der Stationsleiter. Kommt, küsst mir die Hand und ihr erhaltet besondere Gunsterweise!"

Ist das nicht ein Gleichnis für unser Leben?

3. Illusion: „Ich werde dann glücklich, wenn alle meine Wünsche erfüllt werden."

Kennen Sie die Geschichte von der Frau, die Gott ständig um etwas bat? Schließlich sagte Gott: „Jetzt reicht es mir. Du kannst noch drei Bitten stellen, aber dann ist Schluss!" Aufgeregt entgegnete sie: „Ganz gleich, welche drei Dinge ich erbitte?" Gott gab zur Antwort: „Ja, ganz gleich, welche drei Dinge." Hierauf sagte sie: „Es ist mir etwas peinlich, aber mein Mann geht mir schrecklich auf die Nerven. Ich wäre ihn gern los." – „Ist gewährt", entgegnete Gott.

Bei der Beisetzung ihres Mannes sprachen ihr alle ihre Freunde ihr Beileid aus. Sie sprachen von seinen vielen sympathischen Zügen, so etwa: „Das ist ja so traurig. Ich erinnere mich, wie höflich er immer mit dir umging. Er hatte eine ganz liebenswürdige Art, dir im Restaurant immer die Garderobe abzunehmen und dich zu deinem Stuhl zu geleiten. Er war wirklich einmalig charmant mit dir!" Als sie alle diese wunderschönen Dinge hörte, bedauerte sie ihren ersten Wunsch und sagte zu Gott: „Ich möchte ihn wiederhaben!" „Ist gewährt!", entgegnete Gott. Es vergingen mehrere Monate, und schließlich sagte Gott zu ihr: „Ein Wunsch von dir steht immer noch aus. Was möchtest du noch?" Sie gab zur Antwort: „Ich bin ganz verwirrt. Einige meiner Freunde sagen zu mir: ‚Wünsche dir eine Million Dollar.' Andere sagen: ‚Was hilft schon alles Geld, wenn du nicht gesund bist? Bitte darum, immer ganz gesund zu bleiben.' Ich weiß gar nicht mehr, was ich sagen soll. Aber warte. Du bist doch sehr weise. Was würdest du mir raten?" Gott meine lachend: „Gut, ich will dir sagen, was du dir wünschen solltest. Wünsche dir Zufriedenheit mit allem, was du bekommst!"

4. Illusion: „Aufregende und spannende Erlebnisse bringen das wahre Glück."
Stellen Sie sich vor, Sie füttern ein Rennpferd ständig mit Zucker. Das mag ihm sehr schmecken, aber mit dieser Diät wird es nicht viele Rennen gewinnen. Es braucht in Wirklichkeit Hafer und anderes gehaltvolles Futter. Manche Leute sagen: „Was ist lebenswerter, als aufregende und spannende Dinge zu erleben?" Ein weiser Mensch gibt darauf zur Antwort: „Anhaltende Zufriedenheit."

5. Illusion: „Ich glaube, jemand anderer kann das für mich machen."
„Ein Meister? Ich muss einen finden!" Sie sind Ihr eigener Meister. Sie müssen nicht weiter suchen als bei sich selbst.

6. Illusion: „Ich glaube, dass bestimmte Ereignisse, Umstände und Menschen mich glücklich (oder unglücklich) machen können."
Das können sie nicht. Sie können nur die Wirkung auf Sie haben, die Sie ihnen einräumen.

Wie man Glück erfahren kann

Hier folgen einige Hinweise, die Ihnen helfen können, Gott oder das Glück, das Sie schon besitzen, erfahren zu können.

1. Entwickeln Sie eine Haltung der Dankbarkeit.
Sie können nicht zu ein und derselben Zeit dankbar und unglücklich sein. Das passt einfach nicht zusammen, ist nicht miteinander verträglich. Fragen Sie sich selbst: „Was würde passieren, wenn ich loslassen würde?"

Schaffen Sie als Erstes Schweigen. Das heißt nicht, dass Sie in einem mentalen Vakuum leben sollen, sondern dass Sie auf den gegenwärtigen Augenblick achten sollten. Das ist dort, wo Sie sind, und zwar immer. Die meisten von uns leben zu sehr in der Vergangenheit, die unreal ist – das Vergangene ist vorbei – oder zu sehr in der Zukunft, die ebenfalls unreal ist, weil sie noch nicht da ist. Anthony de Mello sagte dazu:

„Ein Neurotiker ist einer, der sich Sorgen um Dinge in der Vergangenheit macht, die nie passierten – anders als wir normalen Menschen, die sich nur Sorgen um Dinge in der Zukunft machen, die nie passieren werden!"

Gott (wenn Sie dafür einen anderen Namen haben, setzen Sie diesen ein) ist der Gott des „Realen", nicht des „Unrealen." Die meisten von uns lassen ihre gegenwärtigen Augenblicke von Problemen bezüglich Vergangenem oder Sorgen über Zukünftiges beherrschen. Das Ergebnis ist Angst, Frustration, Depression, Hoffnungslosigkeit.

Anthony erzählte häufig folgende Geschichte:

Hinter einem Mann war ein wilder Löwe her. Auf seiner Flucht vor dem Tier geriet er an einen tiefen Abgrund, sprang hinunter und konnte sich gerade noch an einem Busch an der Böschung festhalten. Als er nach oben blickte, sah er den hungrigen Löwen über sich, und beim Blick nach unten sah er den gähnenden Abgrund unter sich. Da entdeckte er an dem Busch eine rote Beere. Er pflückte sie, steckte sie in den Mund, aß sie und sagte: „Oh, wie süß sie ist!" Das heißt im Augenblick leben!

Man kann die Vergangenheit nutzen, um aus ihr zu lernen. Man kann die Zukunft ins Auge fassen, um für sie zu planen. Das ist sinnvoll. Aber man sollte weder in der Vergangenheit noch in der Zukunft leben.

2. Leben Sie in enger Verbundenheit mit der Natur.

Sie haben schon die Anweisungen spiritueller Meister gehört: „Achte darauf, wie das Gras wächst." „Umarme einen Baum." „Rieche den Duft der Blumen." Ich bin überzeugt davon, dass die Künstler, die ein feines Gespür für die Natur haben und in ihr Dinge sehen, für die ich oder andere normalerweise keinen Blick haben, nahe daran sind, Mystiker zu sein.

3. Leben Sie, ohne zu urteilen. (Das ist das Schwierigste von allen.)

Wie können wir durchs Leben gehen, ohne zu urteilen? Sage ich mir nicht ständig: „Das ist gut; das kaufe ich. Das ist schlecht, das nehme ich nicht"? Diese Urteile sind in Ordnung. Das, was wir bleiben lassen müssten, sind die *moralischen* Urteile: „Der ist dumm!" „Die ist schuldig!" „Das ist ein ichbezogener Mensch!" Wie sollten wir das letztlich beurteilen können?

Wir können leben, ohne zu urteilen, indem wir uns darauf konzentrieren, wahrzunehmen und nicht zu richten. Oder versuchen Sie, alles mit der Frage anzugehen: Was kann ich von diesem Menschen, aus diesem Ereignis lernen? Da sagt zum Beispiel jemand bei der Arbeit etwas, das Sie tief verletzt. Ihre emotionale Reaktion ist dann vielleicht Traurigkeit oder womöglich sogar Wut und Aggression. Sie können sich aber auch die Frage stellen: „Was lehrt mich dieser Mensch?" Vielleicht lehrt er Sie das Mitgefühl. Dann denken Sie vielleicht bei sich: „Wie schlecht muss der sich fühlen bei dieser Arbeit, die ihm überhaupt nicht gefällt!" Wenn man sich darum bemüht, lässt die Frustration nach, die Ungeduld wird geringer und Freude und Glück im Leben nehmen zu.

4. Steuern Sie bewusst, worauf Sie Ihre Aufmerksamkeit konzentrieren.

Ich war in einer Pfarrei auf den Bahamas eingesetzt und bereitete gerade die Predigt für die Mitternachtsmesse zu Neujahr vor. Da standen plötzlich zwei bewaffnete Räuber an meiner Tür. Vor lauter Unzufriedenheit mit dem wenigen Geld, das ich ihnen geben konnte, wies der eine seinen Kameraden an, sein Gewehr auf mich zu richten. Ich hatte Angst, er werde auf mich schießen, griff nach dem Gewehrlauf und drückte ihn von mir weg. Der Räuber zog sein Gewehr an sich, und dabei löste sich ein Schuss in die Decke. Da ergriffen sie die Flucht.

Später erhielt ich den Spitznamen „der Rambo-Priester." Ich erzählte diese Geschichte mit großem Vergnügen immer wieder, aber zum damaligen Zeitpunkt hatte sie mir Angst gemacht und sie hätte tragisch ausgehen können. Indem ich daraus eine amüsante Geschichte machte, verschob ich den Punkt, auf den sich meine Aufmerksamkeit richtete. Das war meine Strategie, um zu vermeiden, dass mir davon ein Trauma zurückblieb.

5. Umgeben Sie sich mit glücklichen Menschen.

Oder mit Anthony Robbins zu sprechen: „Der Zweck des Lebens ist, glücklich zu sein. Darin besteht der Erfolg. Nicht glücklich zu sein, heißt scheitern."

3 Ich

In jedem Menschenleben steckt das Potenzial, ein Kunstwerk zu werden.

Ira Progoff

Eingangs sagte ich, in diesem Buch liege die Betonung darauf, dass Sie ein Schatz sind. Nicht nur Sie als Individuum, sondern auch Sie als Gruppe von Hunderten, Tausenden, vielleicht Millionen. Wenn ich mir vorstelle, wer Sie sind, finde ich Ihre Vielfalt atemberaubend. Geschäftsleute, Werktätige, Geistliche, Laien, und Sie, die Sie das Rückgrat unserer Gesellschaft sind, die Gründer und Erhalter von Familien. Was für eine Gruppe! Ich fühle mich privilegiert, Ihnen das zu sagen. Sie sind wirklich ein Schatz.

Aber trotz des Umstands, dass Sie dieses gewaltige Potenzial in sich tragen, streiten so viele Dinge dagegen an, dass Sie sich als großartig erfahren: Ihre Kultur, Ihre Ausbildung, Ihre Erziehung („kein Prophet gilt etwas…"), zuweilen sogar Ihre religiöse Unterweisung (die Sie sehr stark konditionieren kann). Von der Religion wurde schon gesagt: „Wenn man den Menschen die Religion zu jung aufpropft, erfassen sie womöglich das, worum es geht, nicht mehr, wenn sie älter werden!"

Die wichtigste spirituelle Entdeckung, die Sie machen können, ist herauszufinden, wer Sie sind. Fragen wie „Wer ist Gott? Wer ist Jesus?" sind sehr wichtig, aber am wichtigsten ist die Frage: „Wer bin ich?"

Vor einigen Jahren umarmte mich eine junge Mitstudentin ganz stürmisch und sagte mir ganz herzlich: „Father Stroud, ich mag Sie so. Sie erinnern mich so an... (in meiner Phantasie tauchten spontan Robert Redford auf, Cary Grant...) ... *meinen Großvater*!" Ich versuchte sie möglichst schnell loszuwerden. Wie leicht denken wir, wir seien jemand anderer!

In der spirituellen Literatur wird dieses Thema gewöhnlich unter dem Stichwort „sich selbst verlieren" abgehandelt. Es taucht häufig auf: „Wenn das Weizenkorn nicht in die Erde fällt und stirbt...", oder „Wenn du mein Jünger sein willst, musst du dein Selbst verleugnen..." Vielleicht ist es falsch ausgedrückt, wenn man dieses Thema unter „sich selbst verlieren" abhandelt. Man würde es besser als die Aufgabe, „sein Selbst zu finden" bezeichnen, denn was sterben soll, ist das falsche Selbst, ja sind sogar die falschen „Selbste", die wir uns geschaffen haben. Wir neigen dazu, unser Selbst mit unserer beruflichen Laufbahn, unserem Ansehen oder unserem Namen gleichzusetzen, und weil wir das tun, verlieren wir unser wahres, wunderschönes Selbst aus den Augen. Aus spiritueller Sicht geht es also um etwas ganz Positives.

Ein zutreffenderes Bild für diesen Grundsatz als dasjenige in der Heiligen Schrift lässt sich kaum finden. Sie sind wie ein Samenkorn. In einem Samenkorn steckt ein ungeheures Potenzial zum Wachsen und Schönwerden. Aber es ist zu seinem Schutz von einer harten Schale umgeben. Wenn das Frühjahr kommt, muss die Schale zerbrechen, sonst kann die Blume nicht herauskommen. Würde die Schale nicht sterben, so würde das Schützende zum Vernichtenden.

Unser Ego gleicht der harten Schale. Solange wir jung sind, brauchen wir diesen Schutz. Andere müssen uns füttern, zärtlich umsorgen, lieben. Unser zerbrechliches Sein ist allem wehrlos ausgesetzt; wir brauchen Schutz. So entwickeln wir eine „primäre Ego-Abwehr", wie das in der Psychologie genannt wird. Wie schon gesagt, als kleine Jungen merken wir, dass wir unsere Gegner zurückstoßen müssen; dann geben sie nach und wir erwerben uns den Ruf, ein zäher Kerl zu sein. Oder als kleine Mädchen kokettieren wir mit unseren Großeltern und können auf diese Weise bekommen, was wir wollen. Das sind wirksame Abwehrstrategien. Aber wenn es an der Zeit ist, sie aufzugeben, beschwert sich die harte Schale dieses Abwehrverhaltens: „Ich war dir doch immer so hilfreich. Lass mich nicht sterben." Falls wir sie aber nicht sterben lassen, wachsen wir nie in unser eigentliches Potenzial hinein. „Ich muss dich loslassen. Wenn ich das nicht tue, wirst du aus dem Beschützer zum Vernichter."

Was passiert, wenn wir *nicht* loslassen, veranschaulicht eine Geschichte von einem Adlerjungen:

Eines Tages fand ein Farmer das Ei eines Adlers. Er legte es zu den übrigen Eiern in seinem Hühnerstall. Das Adlerküken schlüpfte zusammen mit vielen Hühnerküken aus. Es sah, wie sie alle auf dem Boden scharrten und scharrte mit seinen kleinen Fängen genauso am Boden. Es hörte sie nach der Glucke piepsen und piepste genauso. Es sah sie mit ihren Flügeln flattern und auf einen Ast hüpfen und tat das genauso. Es hielt sich für ein Hühnerjunges.

Als es ein ganzes Stück älter geworden war, sah das Adlerjunge am Himmel einen riesigen Vogel mit weit ausgebreiteten Schwingen majestätisch im Aufwind seine Kreise ziehen. Es wandte sich an eines der Hühner und fragte es: „Wer ist das?" Das Huhn gab zur Antwort: „Oh, das ist der Königsadler, der König der Vögel. Aber kümmere dich nicht weiter um ihn. Wir sind bloß einfache Hühner." Das traurige Ende der Geschichte ist, dass sich der Adler bis zu seinem Tod wie ein Huhn fühlte und verhielt und ihm nie aufging, dass er selbst ein Königsadler war.

Falsche Selbste

Freiheit und Freude werden wir erst finden, wenn wir loslassen, aber das wollen wir nicht tun.

Stellen Sie sich zur weiteren Veranschaulichung doch einmal folgendes vor. Sie arbeiten als professioneller Coach. Da kommt ein Mann zu Ihnen in die Sprechstunde, der einen dreispitzigen Hut auf dem Kopf hat und die Militäruniform eines französischen Generals vom Anfang des 19. Jahrhunderts trägt. Sie fragen ihn, wie er heiße. Er gibt zur Antwort: „ich bin General Bonaparte." Sie erwidern: „Etwa Napoleon Bonaparte?" „Genau", sagt er, „der bin ich." Sie denken bei sich: „Ich nehme das lieber zunächst so hin. Sonst könnte er gefährlich werden." Also antworten Sie: „Willkommen, Herr General. Was kann ich für Sie tun?" Er wirkt sehr entschlossen, aber erregt. „Ich zerbreche mir furchtbar den Kopf, denn morgen ziehe ich in Waterloo in die Schlacht gegen den Herzog von Wellington. Ich kann nachts schon gar nicht mehr schlafen, weil ich nicht recht weiß, ob ich meine Truppen an seinen Flanken aufstellen oder ihn direkt von der Mitte her angreifen soll. Was würden Sie mir raten?" Würden Sie jetzt zur Antwort geben: „Ich habe die Aufmarschpläne genau studiert, und meiner Ansicht nach wird es das Beste sein, wenn Sie...", dann müssten Sie bald zusammen mit diesem armen Kerl, der sich für Napoleon hält, in die Klapsmühle eingeliefert werden.

Wenn Sie ihm wirklich helfen wollen, müssen Sie ihm (sozusagen) den Teppich unter den Füßen wegziehen. Sie müssen ihm irgendwie beibringen, dass er nicht Napoleon ist. Hat er das erst einmal kapiert, dann lösen sich auch seine Sorgen um die Schlacht in Luft auf.

Hier stellt sich die Frage: Wie entwickeln wir diese falschen Selbste? Antwort: Durch einen Prozess der Identifikation. Mittels der Identifikation verlieren wir uns emotional und mental in etwas inner- oder außerhalb unserer selbst. So können Sie sich zum Beispiel mit Ihrer körperlichen Figur identifizieren. Sie sagen dann: „Ich bin dick. Ich habe eine Glatze. Ich werde alt. Ich bin bildhübsch." Oder Sie identifizieren sich mit Ihrem Namen. Wenn der irgendwo als Schlagzeile erscheint, fühlen Sie sich großartig. Wenn er auf keiner Siegerliste oder Ehrenurkunde auftaucht, fühlen Sie sich enttäuscht und deprimiert. Sie identifizieren sich mit Ihrem Ruf, mit dem, was andere über Sie denken, Ihrem Image, Ihrem Ansehen. Das passiert, wenn Sie ein falsches Selbst entwickeln.

Machen Sie sich klar: Niemand akzeptiert *Sie* oder lehnt *Sie* ab, sondern immer nur das Bild, das Sie abgeben. Alle sind darauf konditioniert, bestimmte Dinge zu mögen und andere abzulehnen; warum sollten Sie also darüber glücklich oder traurig sein, was andere denken oder sagen? In dem Film *Die Götter müssen verrückt sein* wird gezeigt, wie der eingeborene Afrikaner völlig anders als unsereiner auf eine wunderschöne weiße Frau, die auf Safari ist, reagiert. Er ist darauf konditioniert, eine Frau attraktiv zu finden, wenn sie kurzes Kraushaar hat, ihr Hals von Geburt an verlängert worden ist und in ihren Ohrläppchen riesige Ringe hängen. Und so beschreibt er seinen Stammesgenossen diese „hässliche weiße Frau mit ihren langen schnurförmigen gelben Haaren, ihrem kurzen Hals und ihren schmucklosen Ohrläppchen." Ich als Abendländer kann es nicht fassen, dass er überhaupt keinen Sinn für ihre Schönheit hat. Aus meiner Sicht ist sie eine bezaubernde Schauspielerin, die von den Agenten in Hollywood sorgfältig für ihre Rolle ausgewählt wurde.

Treiben wir die Vorstellung noch ein bisschen weiter. Stellen Sie sich vor, Sie treffen die Frau weinend an und Sie fragen sie nach dem Grund, und sie sagt Ihnen, sie sei todtraurig, weil der Mann sie nicht attraktiv finde und deshalb nicht heiraten wolle. Sie würden versuchen, ihr beizubringen, dass er einfach anders aufgewachsen und erzogen worden sei und daher aufgrund seiner Kultur einen ganz anderen Typ von Frauen attraktiv finde. „Sie müssen verrückt sein, wenn Sie auf seine Reaktion hin in Tränen ausbrechen!"

Anthony de Mello pflegte (zur Bestürzung vieler seiner Zuhörer) zu sagen: „Bilde dir nicht ein, wenn jemand dir sagt, er oder sie liebe dich. Du entsprichst nur genau der Einkaufsliste dieses Menschen."

Eine weitere Identitätskrise entwickelt sich, wenn Sie sich mit Ihrem Beruf identifizieren: „Ich bin Anwalt." „Ich bin Bischof." „Ich bin Geschäftsführer." Oder sogar: „Ich bin ein bankrotter Geschäftsmann." Jemand hat Sie dazu gemacht. Sie sind *nicht* Ihre Tätigkeit, Ihr Rang, Ihr Beruf. Das sind nur Kostüme, die Sie tragen.

Könnten Sie sich vorstellen, dass eine Schauspielerin, die dafür ausgezeichnet wurde, dass sie so hervorragend die Rolle einer Prostituierten spielte (wie ihn Jane Fonda für ihre Rolle in *Klute* tatsächlich gewann), anschließend tatsächlich Prostituierte würde, weil sie sich dächte: „Na gut, wenn ich in der Rolle als Prostituierte so großartig bin, dann bleibe ich doch dabei!"? Sie würden sagen, dass sie spinne. Das war ja nur eine Rolle, ein Kostüm, das sie für den Film trug. So etwas überträgt man doch nicht ins reale Leben!

So heißt Identifikation also, dass man etwas für einen wesentlichen Teil des eigenen Ichs hält. Freuen Sie sich über Ihren Namen, Ihre berufliche Laufbahn, Ihren guten Ruf, Ihr vorteilhaftes Aussehen, aber identifizieren Sie sich nicht damit. Sie müssen die Kunst lernen, sich Ihres Lebens zu erfreuen und all die Dinge zu genießen, die das Leben ausmachen. Richtig genießen können Sie sie aber nur, wenn Sie nicht die Angst haben, dass sie sich ändern oder verloren gehen. Genießen Sie die Dinge, gerade weil sie unbeständig sind. Viele von uns haben die Fähigkeit zu genießen verloren. Wenn wir zum Beispiel bei einem Konzert den Dirigenten bitten würden: „Lassen Sie immer wieder diese Note spielen " oder „Spielen Sie ganz oft diesen Akkord, denn den mag ich so", könnten wir nie die ganze Sinfonie hören.

Wie also „verliert" man sein falsches Selbst oder seine falschen Selbste? Haben Sie je versucht, vorsätzlich etwas zu verlieren? Versuchen Sie es. Sie werden merken, dass das gar nicht geht. Können Sie etwas verlieren, indem Sie darauf verzichten? Nein. An das, worauf Sie verzichten, sind Sie für immer gebunden. Anthony de Mello hat diese Erfahrung gemacht: „Wenn Prostituierte zu mir kommen, wollen sie immer über Gott reden. Wenn Priester kommen, wollen sie immer über Sex reden!" Das, worauf diese Leute verzichtet haben, beschäftigt sie ständig.

Anthony de Mello erzählte auch folgende Geschichte:

Ein Meisterschnitzer hatte aus Holz einen großartigen Glockenständer geschaffen. Bei dessen Anblick fragte der Fürst von Lu den Schnitzer: „Was für ein Geheimnis hast du, um etwas derart Schönes schaffen zu können?"

Der Holzschnitzer erwiderte: „Ich bin ein Handwerker und habe kein Geheimnis. Als ich über das Werk nachzudenken anfing, das du mir aufgetragen hattest, tat ich Folgendes: Ich sammelte meinen Geist und dachte nicht mehr an Kleinigkeiten, die am Rande liegen. Ich fastete, damit mein Inneres zur Ruhe käme. Nach drei Tagen strengen Fastens hatte ich Lohn und Erfolg vergessen.

Nach fünf Tagen dachte ich nicht mehr an Lob oder Tadel. Nach sieben Tagen spürte ich meinen Körper nicht mehr und keines seiner Glieder.

Ich wusste nicht mehr, dass ich am Hofe Eurer Hoheit war. Alles, was mich von der Arbeit ablenken konnte, war fortgetilgt. Ich war auf den einen Punkt hin gesammelt: den Glockenständer.

Dann ging ich in den Wald und sah mir die Bäume an, wie sie gewachsen waren. Als ich dann den einzig richtigen Stamm erblickte, war die Figur des Glockenständers schon in ihm, ganz klar und rein. Ich ging an die Arbeit, und die Form des Glockenständers schälte sich wie von selbst heraus.

Hätte ich nicht jenen bestimmten Baum erblickt, gäbe es diesen Glockenständer nicht. Was geschah eigentlich? Mein einziger gesammelter Gedanke traf auf die verborgene Gestalt im Holz. Aus dieser Begegnung erwuchs das Werk, das Ihr den Geistern zuschreibt."

Vor einiger Zeit wurde im Fernsehen ein Konzert des großartigen Itzchak Perlman übertragen. Während der Pause wurde die Aufnahme eines Interviews ausgestrahlt, das er einer Gruppe staunender junger Studenten von der berühmten Juilliard School of Music gegeben hatte. Die Studenten stellten ihm die Frage: „Wie können wir so gut wie Sie werden?"

Seine Antwort werde ich nie vergessen. Sie lautete: „Dazu gehören drei Dinge. Erstens hat Gott mir dieses große Talent geschenkt. Zweitens habe ich dieses wunderbare Musikinstrument, die Stradivari-Violine. Und drittens habe ich die zauberhafte Musik von Beethoven (oder anderen). Ich versuche, alle drei zusammenzubringen und ihnen möglichst nicht im Weg zu stehen!"

Als das Konzert weiterging, konnte ich ihn am Bildschirm ganz aus der Nähe sehen. Seine Augen waren geschlossen.

Er schien ganz woanders zu sein, wie in Ekstase. (Das Wort „Ekstase" kommt aus dem Griechischen: *ek* = außerhalb und *stateo* = stehen, also: „außerhalb seiner selbst stehen"). So ist das Glücklichsein eine sichere Art, sich selbst zu vergessen. Wenn man einen spannenden Film sieht oder von einem packenden Roman gefesselt ist, sagt man auch, man „vergesse" sich selbst ganz in dieser wunderbaren Erfahrung. Man ist sich seines „Selbst" nie so bewusst, wie wenn man Schmerzen hat: Kopfweh, Zahnschmerzen, Ich-Schmerzen. Dagegen ist man nie derart außer sich, wie wenn man glücklich ist. Perlman war „ekstatisch", „außer sich."

Wie geht man also mit diesen „Identitätskrisen" um, wenn man sich ihrer bewusst wird? Wenn man diesen Mangel an Glück, dieses Negative erfährt?

Eine Möglichkeit besteht darin, dass man das negative Gefühl depersonalisiert. Vermeiden Sie also, zu sich zu sagen: „Ich bin traurig. Ich bin nervös. Ich bin deprimiert." Sagen Sie lieber: „In meinem Leben gibt es etwas Trauriges. Ich empfinde gerade Niedergeschlagenheit." Sie sind wie der Himmel. Die Traurigkeit und die Niedergeschlagenheit sind Wolken, auf die Sie von Ihrem höher gelegenen Standpunkt aus hinabschauen. Indem Sie sich von Ihrem falschen Gefühl, damit identisch zu sein, lösen, lösen Sie sich auch vom den schlechten Stress, zu dem das führt.

Als der Buddha gefragt wurde, wie das sei, erleuchtet zu sein, gab er zur Antwort: „Vor der Erleuchtung war ich niedergeschlagen. Nach der Erleuchtung bin ich weiterhin niedergeschlagen." (Aber mit einem Unterschied: Er identifizierte sich nicht mit seiner Niedergeschlagenheit!)

Wie sieht das Ergebnis aus, wenn Sie lernen, sich so zu verhalten? Fische im Wasser werden nicht nass! Sie gedeihen darin prächtig. Menschen, die wirklich sie selbst sind, werden vom Leben nicht angeschlagen. Sie gedeihen in allem, was ihnen passiert.

Nichts, niemand, kein Ereignis oder Umstand hat die Macht, Sie zu verletzen. Alles hat nur soviel Macht, wie Sie ihm zugestehen. Weigern Sie sich, ihm Macht zuzugestehen.

Das Leben ist eine Symphonie. In der Symphonie des Lebens fragen Sie nicht, ob Sie die Flötistin oder der Schlagzeugspieler sind. Sie genießen die Musik, den Fluss des gesamten Orchesters. Sie brauchen darin nicht führend zu sein. Das innere Selbst ist ganz zufrieden damit, der Trompetenspieler oder die Flötistin zu sein, oder irgendjemand im Publikum. Es ist das von Drogen benommene Ich, das unbedingt die erste Geige spielen oder gar der Konzertmeister sein möchte.

Das Leben ist zu wichtig, um Sorgen darauf zu verschwenden, ob man reich oder arm ist, berühmt oder unbekannt, dick oder dünn, bekannt oder verkannt, hübsch oder unscheinbar. Wir vergeuden unsere Energien für das Streben nach so vielen nutzlosen Zielen. Und sobald man das erlangt hat, was man sich lange gewünscht hat, wird dieses Ziel farblos, wie Kieselsteine, die einen funkelnden Diamanten umgeben. Es ist, als benütze man ein kostbares Manuskript dazu, ein Feuer zu entfachen, oder einen Tausend-Dollar-Schein, um eine Zigarre anzuzünden.

Sie sind ein Schatz. Der oder die Sie wirklich sind, Ihr wahres Selbst, ist großartig. Darum müssen Sie alles daran setzen, es zu finden. Und genau darum geht es in der Spiritualität: herauszufinden, wer Sie wirklich sind.

4 Leiden und Illusion

Ich habe in meinem Leben etliche schreckliche Dinge durchgemacht. Manche von ihnen sind tatsächlich passiert.

Mark Twain

Die meisten von uns möchten das Leiden aus ihrem Leben ausmerzen. Auch falls Sie es nicht voll und ganz ausrotten möchten oder können, weisen die großen spirituellen Lehrer doch auf Wege, auf denen man es weithin loswerden kann. Wir sollten jedoch gleich zu Beginn festhalten, dass Sie zwischen Leiden und Schmerz unterscheiden müssen. Beides ist nicht das gleiche. Wir können Schmerz aushalten und trotzdem glücklich bleiben. So halten zum Beispiel Bergsteiger, die den Gipfel erreichen wollen, Schnitt- und Schürfwunden aus, ja sie merken sie gar nicht, so sehr sind sie darauf konzentriert, bis zum Gipfel zu kommen. Ihre Herzen sind von der Freude und Begeisterung erfüllt, immer höher zu klettern. Ähnlich geht es Fußballspielern. Wie oft sieht man Spieler auf der Bank sitzen, Hände und Arme mit Dreck verschmiert und offensichtlich verletzt, und doch sind ihre Köpfe und Herzen ganz darauf konzentriert, wie das Spiel ausgehen wird.

Ich habe 1988 bei einem Endspiel um die Weltmeisterschaft miterlebt, wie der geniale Baseballspieler Kirk Gibson der Los Angeles Dodgers wegen einer Verletzung schon aus dem Spiel genommen war. Aber als sich die Lage seiner

Mannschaft gegen Ende des Spiels dramatisch verschlechterte, rief ihn der Spielführer doch noch einmal aufs Feld. Ich werde den Anblick nie vergessen: Gibson wankte zunächst ins Spielfeld und schien kaum mehr gehen zu können; seine Knie und Arme schmerzten ihn ungeheuer. Aber dann riss er sich zusammen, schlug zu und rannte plötzlich wie eine Rakete los – und verhalf der Mannschaft zum Sieg! Trotz seiner großen Schmerzen hob er die Fäuste mit den Daumen nach oben zur triumphierenden Geste und grinste breit übers ganze Gesicht. Das war es: Schmerz und Glück vertragen sich durchaus.

Aber Leiden ist etwas ganz anderes. Beim Leiden reibt sich Ihre Vorstellung davon, wie die Dinge eigentlich laufen müssten oder wie Sie sie haben möchten, an dem, was tatsächlich geschieht. Ihr Wunsch verträgt sich nicht mit der Realität.

Angenommen, Sie möchten wegen Ihrer Arbeit geschätzt und befördert werden. Aber was passiert? Das Übliche: Jemand anderer wird befördert. Sie werden übergangen. Oder Sie möchten eine intensive Beziehung mit jemandem eingehen. Aber er oder sie verabschiedet sich aus Ihrem Leben. Oder noch schlimmer: Wirft sich ausgerechnet dem Menschen an den Hals, den Sie nicht ausstehen können!

Der Buddha sagte einmal: „Die Welt ist voller Trauer. Die Wurzel der Trauer ist das Begehren. Das Ausjäten der Trauer ist das Nichtbegehren." Natürlich sind Wünsche an sich etwas Gutes. Sie sind Energie. Sie würden dieses Buch nicht lesen, wenn Sie nicht *wünschten*, Sie könnten daraus für sich einigen Gewinn ziehen. Aber falls Ihr Glück davon abhängt, dass Ihnen dieser Wunsch erfüllt wird, haben Sie eine „Anhaftung." Und *das* ist es, was der Buddha damit meinte.

Anthony de Mello erzählte gern die folgende Geschichte aus dem alten Indien, die ich als die „Glücks-Unglücks-Geschichte" bezeichne:

Ein Mann hat in seinem Leben zwei große Lieben. Die eine ist sein Sohn, die andere ein wunderschöner Hengst. Seine Diener kommen eines Tages herein und sagen: „Ein Unglück ist passiert. Der Hengst, den du so sehr liebst, ist entlaufen." Da ist der Mann über diesen Verlust tief niedergeschlagen. Tags darauf kommen seine Diener herein und sagen: „Du hast großes Glück. Der Hengst, der gestern entlief, ist heute mit drei wunderschönen wilden Stuten zurückgekehrt." Da ist der Mann, der so niedergeschlagen war, hoch erfreut. Tags darauf kommen seine Diener wieder und berichten: „Ein Unglück ist passiert. Dein Sohn, den du so liebst, hat versucht, eines der neuen Pferde einzureiten, stürzte aber und brach sich ein Bein." So fällt der Mann aus seiner großen Freude wieder in tiefe Trauer. Tags darauf melden die Diener: „Du hast großes Glück. Das Heer kämpft in diesem verrückten Krieg und zieht jeden tauglichen jungen Mann ein. Aber weil dein Sohn einen Fuß gebrochen hat, nahmen sie ihn nicht mit." So wird der Vater wieder bester Laune.

Sie sehen, diese Geschichte hat kein Ende. Am einen Tag ist der Mann himmelhoch jauchzend, am nächsten zu Tode betrübt. Weil er es zulässt, dass sein Glück mit Umständen außerhalb seiner selbst steht und fällt, lebt er mit dem, was Deepak Chopra als die „objektbezogene" Lebenseinstellung bezeichnet.

Sie können unter dem Leiden leiden oder Sie können es auflösen, indem Sie seine wahre Natur verstehen. Das Leiden ist eine Begegnung von Angesicht zu Angesicht mit etwas, dem Sie nicht ins Angesicht sehen wollen. Es ist Ihr Widerstand gegen die Wahrheit, gegen die Realität, ja gegen genau die Wahrheit, die Sie frei machen würde, wenn Sie sich ihr nur offen stellen würden.

Das Leiden ist der Versuch der Natur, uns dabei zu helfen, unsere Illusionen zu entlarven, von denen wir nicht einmal vermuten, dass wir sie hegen.

Wir sind derart konditioniert, derart programmiert, dass wir mit Annahmen durchs Leben gehen, die wir nie hinterfragen. Das ist wie in der Geschichte von den zwei Jägern:

Zwei Jäger flogen in den Dschungel, um Nashörner zu jagen. Sie wiesen den Piloten an, sie nach einer Woche wieder abzuholen. Als der Pilot wieder kam, hatten sie zwei große Nashörner erlegt. Der Pilot sagte: Wir können sie nicht ins Flugzeug nehmen. Sie sind zu schwer." Die Jäger entgegneten: „Warum nicht? Der vorige Pilot hat sie auch mitgenommen." Darauf meinte der Pilot: „Also gut, wenn der das geschafft hat, dann ladet sie ein."

So starteten sie, aber sie waren noch keine fünf Minuten in der Luft, da stürzten sie ab. Als die Jäger aus dem Wrack krochen, fragte der eine den andern: „Was glaubst du, wo wir sind?" Der gab zur Antwort: „Ich glaube, bloß hundert Meter von der Stelle entfernt, an der wir das letzte Mal abgestürzt sind."

Wir bilden uns ein, was möglich ist, weil wir es uns wünschen. Wir pflegen unsere Wunschvorstellungen und hinterfragen sie nie.

George Bernard Shaw sagte einmal: „Wenn wir leiden oder uns das Herz bricht, erzieht uns damit das Leben."

Die Art und Weise, wie wir auf Leiden reagieren, macht den Unterschied aus. Anthony de Mello sagte es so: „Manche Menschen fliehen ins Selbstmitleid. Manche nehmen ihre Zuflucht in hochtrabenden Rechtfertigungen. Manche versuchen, dem Leiden durch Aktivität zu entfliehen. Alle erkennen diesem Geist eine Existenz zu, die er nicht außerhalb Ihrer Illusionen hat, ganz gleich, welche Form er annimmt: ob Einsamkeit, Frustration oder Verzweiflung."

Wenn man das Leiden versteht, kann man mit ihm umgehen. Die meisten Menschen gehen mit ihm so um wie mit einem Auto, das nicht mehr fahren will. Sie stoßen mit dem Fuß dagegen, schreien es an, gehen von ihm weg, tun so, als könne es nicht wahr sein, dass etwas mit ihm nicht mehr stimmt. Dabei müssten sie bloß die Motorhaube aufmachen und nachsehen, wo der Fehler liegt (vielleicht tut bloß die Zündkerze nicht mehr) und den Fehler reparieren. Stellen Sie sich offen dem inneren Zusammenbruch und beheben Sie ihn.

Die meisten Menschen behaupten, sie möchten geheilt werden, aber in Wirklichkeit wollen sie bloß einen Schmerzkiller haben. Sie wollen Erleichterung von dem Druck: „Gebt mir meine Gesundheit wieder, mein gutes Aussehen, meine Jugend."

Wir laufen zu Gurus und zu Psychologen, obwohl wir in Wirklichkeit alles selbst hätten, wenn wir nur lernen würden, mit dieser Selbst-bezogenen Lebenseinstellung zu leben.

Anthony de Mello war selbst Psychologe und wusste um den Wert der Psychologie. Darum erzählte er gern die folgende nicht ganz ernst gemeinte Geschichte über einen Jungen in einer Schule für geistig zurückgebliebene Kinder (der gar nicht zurückgeblieben war, wie wir sehen werden):

Die Lehrerin hatte an alle Kinder in der Klasse Tonmasse ausgeteilt und ihnen die Aufgabe gestellt, daraus etwas zu formen. Als sie zu Johnny kam, fragte sie ihn, womit er da spiele. „Mit „Pferdemist", war seine Antwort. „Und was machst du aus diesem Pferdemist?" „Eine Lehrerin!" Die Lehrerin war entsetzt und dachte sich: „Es sieht so aus, als habe Johnny sich verschlechtert. Ich muss mit dem Schulleiter darüber sprechen." Da ging auch der Schulleiter zu Johnny hin und stellte ihm ebenfalls die

Frage, womit er da spiele. „Mit Pferdemist", kam wieder die Antwort. „Und was machst du aus dem Pferdemist?" „Einen Schuldirektor!", sagte Johnny. Das beunruhigte den Direktor und er zog den Schulpsychologen hinzu. Das war ein schlauer Mensch, der Johnny anders ansprach. Er kam zu ihm her und sagte: „Hallo, Johnny, ich weiß, mit was du das spielst!" „Mit was?" „Mit Pferdemist!" „Richtig!", gab der Junge zur Antwort. Und der Psychologe fuhr fort: „Ich weiß auch, was du aus diesem Pferdemist machst." „Was denn?" „Einen Psychologen!" „Falsch!", entgegnete da der Junge. „Ich habe nicht genügend Pferdemist!"

Wenn man diese für das Leiden geltenden Grundsätze auf das Scheitern in der Geschäftswelt (oder im Sport, in der Gesundheit oder auf jedem anderen wichtigen Gebiet) anwendet, muss man das Scheitern neu definieren oder in einen neuen Bezugsrahmen stellen.

Es heißt, Thomas Edison habe die Glühbirne erst nach tausend Versuchen erfunden. Als man ihn später fragte, wie er sich bei seinen 999 Fehlversuchen gefühlt habe, soll er gesagt haben: „Das waren keine 999 Fehlversuche. Ich kam dabei einfach auf 999 Weisen, wie man *nicht* die Glühbirne erfindet!" Das heißt, alles in einem neuen Bezugsrahmen zu sehen.

Oder noch ein weiteres Beispiel:

Da kommt ein Mann in einen Supermarkt und fragt die Verkäuferin: „Könnte ich eine halbe Grapefruit haben?" Die Verkäuferin wendet sich an den Geschäftsführer und sagt zu diesem: „Da will so ein Depp eine halbe Grapefruit!" In dem Moment merkt sie, dass der Kunde hinter ihr steht und das genau mitgehört hat. Blitzschnell fügt sie hinzu: „Und dieser freundliche Herr hier würde dann die andere Hälfte nehmen!"

Sie hatte spontan den anderen Bezugsrahmen gefunden!

In dem, was Edison sagte und was diese anderen Beispiele veranschaulichen, steckt etwas ganz Wichtiges. Ungemein viel hängt davon ab, unter welchem Blickwinkel Sie die Dinge betrachten und mit welcher Brille Sie das Leben wahrnehmen. Das ist entscheidend dafür, ob Sie Freude daran haben oder sich elend fühlen, ob Sie erfolgreich sind oder versagen. Das ist keine schlechte Einsicht. Ich muss mich selbst ständig an sie erinnern.

Wir werden immer Schwierigkeiten meistern müssen. Die Ergebnisse sind nicht immer so, wie wir sie erwartet hätten. Was herauskommt, ist oft nicht das, was wir wollten oder uns vorgestellt hatten. Mein Neffe ist Künstler und sagt, oft sähen seine fertigen Gemälde ziemlich anders aus als das, was er ursprünglich vor Augen gehabt habe; sie seien manchmal aber sehr viel schöner als das, was er sich vorgestellt hatte. Ist das nicht ermutigend?

Für das Leiden und Versagen gilt die gleiche Regel wie für das Glück: Wie man nicht gleichzeitig dankbar und unglücklich sein kann (weil diese beiden Gefühle einfach nicht gemeinsam existieren können), so kann man auch nicht gleichzeitig dankbar sein und leiden oder versagen. Fangen Sie Ihren Tag, und jeden Tag, mit der Haltung der Dankbarkeit an und beobachten Sie, wie diese Ihr Leben nach und nach verwandelt.

Heben Sie einfach den Kopf, schauen Sie zur Decke und lachen Sie. Andere wundern sich vielleicht, wenn sie Sie hören. Aber das braucht Ihnen nichts auszumachen. Tun Sie das einfach morgens und dann noch einmal abends vor dem Schlafengehen. Lassen Sie diese Glücksmoleküle durch Ihren Körper fließen. Wenn Sie das oft genug tun, werden sich die Leute wundern, weshalb Sie immer so zufrieden, liebenswürdig und aufrichtig glücklich wirken. Ich habe gehört, dass es in Japan regelrechte „Lachklubs" gibt, deren Mitglieder sich jeden Morgen in einem Park treffen und zwanzig Minuten lang miteinander lachen. Das wirkt für den ganzen Tag Wunder.

Wie finden Sie das Glück? Indem Sie nicht hinter ihm her sind. Wenn Sie sich das Glück als obersten Programmpunkt Ihres Lebens hernehmen, werden Sie es nie finden. Sie werden zwar eine Menge spannende, aufregende und zerstreuende Dinge erleben, aber nicht anhaltende Zufriedenheit finden. Das Glück ergibt sich aus der Entdeckung des Selbst. Solange Sie sich selbst fremd sind, können Sie es nie und nimmer finden. Setzen Sie die Selbst-Wahrnehmung höher an als die Selbst-Belohnung.

Ein Mann, der mehrere hundert Leute unter sich hatte, beklagte sich einmal, dass er sich nicht lange genug still zum Meditieren hinsetzen könne, weil er immer so viel zu tun habe. Deepak Chopra verblüffte mich mit dem Spruch, den er ihm darauf als Antwort gab: „Ist das nicht eine Offenbarung? Sie können mit anderen Stunden und Stunden zusammen sein, aber Sie fühlen sich nicht wohl, wenn Sie mit sich selbst auch nur fünfzehn Minuten zusammen sind!" Können Sie sich eine Welt ohne Angst vorstellen, in der niemand in der Lage ist, Sie zu verletzen und worin Sie als Geschäftsmann nicht befürchten müssen, bankrott zu gehen oder gegenüber Ihren Konkurrenten zu verlieren? Stellen Sie sich jemanden vor, der oder die verheiratet ist und keinerlei Ängste bezüglich seines Ehepartners, seiner Kinder oder Verwandten hat, oder einen Angestellten ohne Ängste gegenüber seinem Arbeitgeber oder seinen Freunden. Stellen Sie sich einen einzigen Menschen vor, der keinerlei Einsamkeit empfindet oder einen Bürger ohne Sorge, von der Regierung bevormundet zu werden. Glauben Sie, eine solche Welt existiere? Sie kann für Sie existieren. Wie? Das Leben ist ein Festmahl, aber die meisten Menschen sterben vor Hunger.

Vor der Küste Brasiliens starben Menschen in einem Rettungsboot vor Durst. Sie hatten nicht gewusst, dass sie sich im Golfstrom befanden. Das Wasser unter ihnen war kein Salzwasser, sondern frisches, trinkbares Süßwasser. Und wir schwimmen hier auf Meeren des Glücks und trinken nicht daraus, weil wir gar nicht merken, dass sie da sind. Wir gleichen dem Mann, der von der Leiter fällt und sagt: „Ich bin nicht vom Sturz verletzt worden, sondern davon, dass er so plötzlich abgebrochen wurde!" Nicht das Leben ist es, was Sie verletzt; verletzt werden Sie, wenn das Leben gegen Ihre fixen Vorstellungen und unflexiblen Wünsche prallt.

Wenn Sie das Leiden und die negativen Gefühle verstehen und die Fähigkeit entwickeln, mit ihnen umzugehen, werden Sie sehen, in welche Reife sie Sie führen können. Schließlich werden Sie gespannt auf Ihre nächsten negativen Gefühle warten und genau auf die Menschengruppe achten, die diese Gefühle in Ihnen hervorbringt.

Sie werden sein wie jemand, der das Fliegen gelernt hat. Er freut sich richtig auf diese anregende Erfahrung. So werden auch Sie auf alles gespannt sein, was in Ihrem Leben noch passiert.

Drei Gedanken zum genaueren Erwägen

1. Leiden besteht darin, dass Ihre Vorstellung, wie die Dinge sein müssten (oder wie Sie sie gern haben möchten) in Konflikt mit dem gerät, was tatsächlich geschieht. Ihr Wünschen prallt gegen die Mauer der Realität. „Die Welt ist voller Leiden", sagt der Buddha. „Die Wurzel des Leidens ist das Wollen. Das Ausrotten des Leidens besteht im Nichtwollen." Das Wollen an sich ist gut. Es ist Energie. Nur wenn man sein

Glück von dessen Erfüllung abhängig macht, wird daraus „Anhaftung". Wie gehen Sie mit Anhaftungen um? Machen Sie sich klar, dass sie Illusionen entspringen. Sagen Sie: „Ich brauche euch nicht, um glücklich zu sein. Ich rede mir nur ein, dass ich ohne euch nicht glücklich sein kann."

2. Die große Illusion lautet: „Ich werde nur dann glücklich sein, wenn ich die äußeren Umstände meines Lebens ändern kann. Wenn ich einen anderen Job, eine andere Frau, einen anderen Status im Leben finde. Wenn ich mehr Geld habe, statt weniger. Wenn mich meine Mitarbeiter und meine Freunde mehr schätzen."

Dies alles ist eine große Illusion. Sie selbst müssen sich ändern; *dann* wird auch die Welt für Sie anders. Sagen Sie nicht: „Die Welt ist in Ordnung; daher fühle ich mich großartig." Sagen Sie: „Ich fühle mich großartig; daher ist die Welt in Ordnung!"

3. Was die Menschen Glück nennen, ist nicht mehr als ein Pendel. Wenn in ihrem äußeren Leben etwas „Vorteilhaftes" passiert – sie etwa Geld bekommen oder gelobt werden –, führt das bei ihnen zu „guten Gefühlen." Wenn etwas Negatives passiert – sie etwa Angst verspüren, enttäuscht werden, abgelehnt werden, einen Verlust oder Todesfall verkraften müssen –, kippen sie in die Niedergeschlagenheit.

Wir schwingen zwischen diesen beiden Zuständen hin und her, von einem Ende zum anderen, jeden Tag, jede Woche unseres Lebens.

Sie können sich nur dann dauerhaft Ihres Lebens erfreuen, wenn Sie schließlich etwas erreichen, von dem Sie wissen, dass es Ihnen nicht mehr weggenommen oder gestohlen werden kann. Stellen Sie sich einen Touristen vor, der während einer Besichtigungstour ständig seine Hand in der Tasche behalten muss, um seinen Geldbeutel vor Taschendieben zu schützen. American Express entwickelte aus dieser spirituellen Vorstellung ein Multimilliarden-Dollar-Geschäft: „Don't Leave Home Without It" – „Gehen Sie nie ohne ihn (den A. E.-Scheck) aus dem Haus!" Betrachten Sie im Unterschied zu diesem Touristen den Bauern, der Wasser in seinem Brunnen hat. Der Bauer ist vollkommen entspannt und macht sich keine Sorgen, ob es regnet oder nicht.

Es ist nicht nötig, dass Sie sich Sorgen darüber machen, woher Ihnen Gutes zukommt oder *ob* es Sie erreicht oder nicht, Sie haben es schon.

Liebe

Alle Emotionen – Angst, Wut, Freude, Trauer – wirken sich tiefgreifend auf unser Leben aus, sowohl spirituell wie physisch, ja sogar medizinisch. Die tiefste Emotion jedoch, der Anthony de Mello in seinen Vorträgen auch den mit Abstand wichtigsten Platz einräumte, ist die Liebe. Genau genommen sollte man die Liebe gar nicht als Emotion klassifizieren. In Wirklichkeit ist sie kein Gefühl, sondern eine Entscheidung. Aber weil die Liebe ganz allgemein für die tiefste aller Emotionen gehalten wird, will ich sie in dieser Kategorie lassen. Trotz des Umstands, dass unzählige Schriftsteller Romane, Gedichte und Kurzgeschichten über die Liebe schreiben, Komponisten sie in Liedern besingen und sogar spirituelle Meister derart viel über sie sagen, dass sich Bände damit füllen ließen, bleibt die Liebe auf schmerzliche Weise unfassbar. Warum ist das so? Weil es so viele falsche Vorstellungen über sie gibt, so viel Verwirrung. Für diese ganze Verwirrung gibt es zwei Hauptgründe. Um den ersten genauer zu erklären, muss ich etwas ausführlicher werden.

Wir neigen dazu, die Liebe mit den mit ihr verbundenen Emotionen oder Gefühlen gleichzusetzen; aber die machen nicht ihr Wesen aus. Zum Beispiel wird mit der Liebe sehr stark das Gefühl, von jemandem angezogen zu werden, verbunden. Ich finde dich ungemein „attraktiv", das heißt wörtlich übersetzt „anziehend." Aber wenn Liebe nur Attraktivität ist, dann kommt sie und geht auch bald wieder.

Auch andere Emotionen lassen sich mit der Liebe verbinden. Da empfinden Menschen so starke, tiefe Gefühle für jemanden oder etwas, dass sie sagen, sie liebten diesen Menschen oder Gegenstand. Es ist sehr leicht, Liebe mit starker Emotion zu verwechseln, weil die Gefühle so tief gehen. Vor einiger Zeit wurde im Fernsehen ein Film mit dem Titel *Substitute Wife* („Eine Frau für meinen Mann") gezeigt. Die Geschichte beginnt damit, dass im 19. Jahrhundert die Frau eines Farmers im mittleren Westen der USA tödlich erkrankt und weiß, dass sie bald sterben wird. Ihr Mann möchte sich nicht einmal auf den Gedanken daran einlassen, geschweige darüber sprechen. Aber weil sie etliche kleine Kinder haben, besteht sie darauf, dass sie sich darauf vorbereiten müssen. Sie setzt alles daran, eine Frau zu finden, die er nach ihrem Tod heiraten könnte, damit sie für die Kinder und ihn sorge. Weil Frauen in der Stadt rar sind, ist es nicht einfach, eine geeignete Frau zu finden. Aber schließlich spürt sie eine Witwe auf, holt sie ins Haus und stellt sie ihrem Mann vor.

Am Ende der ersten Begegnung des Farmers und seiner Kinder mit dieser Frau erklärt der Farmer, er werde sie auf keinen Fall heiraten. Später, unter vier Augen, fragt ihn seine Frau wütend, warum er das gesagt habe. Seine Antwort ist: „Weil sie in mir absolut nichts weckt." Darüber wird seine Frau zornig. Aber plötzlich hält sie in ihrer Schimpftirade inne. Es kommt zu einer der ergreifendsten Szenen, in der sie ihn fragt: „Und ich, wecke ich in dir etwas?" Er neigt sich ihr zu, schaut ihr in die Augen und erwidert: „Sooft ich dich nur ansehe!"

Diese Szene treibt selbst harten Männern Tränen in die Augen.

Eine andere Geschichte veranschaulicht die beträchtliche Verwirrung, die es bei den Liebesgefühlen gibt.

> *Da hatte ein kleiner Junge eine zahme Schildkröte, die in einem See lebte. Eines Tages, als der Junge an den See kam, fand er die Schildkröte auf dem Rücken am Ufer liegend und sie streckte alle Viere von sich. In der Annahme, das sei das Ende seiner Schildkröte, begann er zu weinen, rannte heim, erzählte Mutter und Vater, dass die Schildkröte tot sei und war ganz untröstlich. Da sagte sein Vater zu ihm: „Du weißt, irgendwann ist es mit jedem so weit. Aber weißt du, was wir machen? Wir gehen hin und machen ihr ein schönes Grab. Wir setzen auch einen schönen Grabstein darauf."*
>
> *Der Gedanke an das Ritual begann den Jungen zu faszinieren. So gingen sie alle zum See hinunter, die Mutter, der Vater, das Hausmädchen und der Junge. Aber die Schildkröte lag nicht mehr da. Als sie auf den See hinausblickten, sahen sie plötzlich dort die Schildkröte wieder munter schwimmen. Bei diesem Anblick wandte sich der Junge an seinen Vater und sagte zu ihm: „Komm, wir fangen sie und töten sie, damit wir sie begraben können!"*

Was liebte dieser Junge hier wirklich? Die Liebe als solche oder die Schildkröte? In beiden Fällen sind mit der Liebe starke Gefühle verbunden.

Menschen, die einander innig lieben, hört man oft sagen: „Ich könnte ohne dich gar nicht mehr leben. Wir sind ganz und gar aufeinander angewiesen." Diese Aussagen über die

Liebe klingen sehr schmeichelhaft, aber bei näherem Zusehen entdeckt man ihre Schwächen. Wenn ich sage: „Ich brauche dich unbedingt"; das heißt: mein Leben und mein Glück hängen tatsächlich ganz von dir ab, dann manipuliere ich dich derart, dass ich dich nie und nimmer loslasse. Ich möchte dich nie verlieren.

Im Gegensatz dazu gehört zur wahren Liebe, dass man auch ohne den anderen glücklich sein kann. So kann man die Beziehung zu ihm wirklich voll und ganz genießen. Diese Situation gleicht derjenigen, dass man einen Ort, an dem man gelebt und gearbeitet hat, von Herzen liebt. Ist das der Fall, dann hat man keine nostalgischen Gefühle, wenn man gelegentlich an ihn zurückkommt; man hat alle Emotion herausgenommen.

Ein alter Spruch behauptet: „Liebe macht blind." Das Gegenteil ist der Fall: Es gibt nicht Klarsichtigeres als die Liebe. Die spirituellen Meister sagen: Du hast noch nie jemanden wirklich vollkommen geliebt, sondern immer ein Stück weit nur dein Bild von ihm. Daher ist echte Liebe mit klarer Wahrnehmung verbunden und reagiert auf den oder die andere angemessen.

Liebe zwingt nie. Sie verlangt nie Gegenliebe. Nein, die Liebe hat ihren Lohn in sich selbst. Sie ist kein Tauschartikel. Würde ich Ihnen zu Ihrem Geburtstag etwas schenken und dann sagen: „Übrigens, ich habe nächste Woche Geburtstag", dann wäre das nicht ein Ausdruck der Liebe, sondern das Schielen nach einem Tauschgeschäft.

Von der berühmten mittelalterlichen Mystikerin Juliana von Norwich wird erzählt, sie habe einmal eine Vision Jesu am Kreuz gehabt.

Jesus stellte ihr die Frage: „Juliana, weißt du, warum ich am Kreuz hänge?"

Sie sagte: „Ja, Herr."

„Und weißt du, dass ich aus Liebe zu dir am Kreuz hänge?"

„Ja, Herr."

„Und gefällt es dir, dass ich dich so sehr liebe?"

„Ja, Herr."

Und als Er diese Antwort vernahm, so berichtet sie, „hob Jesus das Haupt und lachte ganz herzhaft vom Kreuz herab."

Er hatte sie nicht gefragt: „Juliana, möchtest du nicht auch für mich am Kreuz hängen?" Nein, Jesus hatte das Haupt gehoben und ganz herzhaft vom Kreuz herab gelacht...

Der zweite Grund, aus dem wir eine unklare Vorstellung von der Liebe haben, ist der: *Wir verkennen, dass die Liebe ein Geheimnis ist.* Genau wie wir nicht sagen können, wer Gott ist oder was die Wahrheit ist, können wir auch nicht sagen, was die Liebe ist. Wir können nur sagen, was sie nicht ist. Sie lässt sich mit Analogien beschreiben, aber das sind alles nur Vergleiche. Ich möchte darauf das gleiche anwenden, was der heilige Thomas von Aquin über Gott gesagt hat: „Das jedenfalls ist gewiss: Was immer man von Gott sagt, ist mehr falsch als wahr." Das lässt sich auch von der Liebe sagen. Die Liebe ist ein Geheimnis. Davon handelt sogar ein wichtiges, vom Vierten Laterankonzil im Jahr 1215 erlassenes kirchliches Dokument. Darin heißt es, dass „zwischen Schöpfer und Geschöpf keine noch so große Ähnlichkeit ausgesagt werden kann, dass nicht jeweils eine noch größere Unähnlichkeit zwischen beiden bestünde."

Hier stellt sich also die Frage: „Wie wird man ein liebender Mensch?"

Die Antwort lautet: „Probiere es nicht, sondern tu es einfach wirklich. Lass dich nicht von den Mythen über das Lieben entmutigen." Da war zum Beispiel ein Affe, der wollte einen Fisch vor dem Ertrinken retten, indem er ihn in eine Astgabel hängte. Als der Fisch zappelte, um ins Wasser zurückzukommen, sagte der Affe zu ihm: „Ich wollte dich doch unbedingt vor dem Ertrinken retten!"

Gott, rette uns vor denen, die es besonders gut mit uns meinen!

Wie man echt wird

Wie wird man also ganz echt? Indem man genau hinsieht, wahrnimmt und für die gesamte Schöpfung sensibel wird. Tun Sie das, und Sie werden selbst echt. Sie werden sich nicht darum bemühen müssen, ein liebender Mensch zu werden. Die Liebe wird Sie in ihre Arme nehmen.

Kann eine Rose ihren Duft den schlechten Menschen vorenthalten und ihn nur den guten spenden? Kann eine Lampe ihr Licht nur den Gütigen und Mitfühlenden spenden und den Übeltätern vorenthalten? Kann ein Baum den Bösen seinen Schatten entziehen und ihn nur denen schenken, die Gutes tun? Nein. Der Dichter Kabir sagt: „Ein süß duftender Baum schenkt sogar dann, wenn er gefällt wird, der Axt seinen Duft."

Es gibt eine Fülle von Geschichten, die das Geheimnis der Liebe veranschaulichen. Da wird zum Beispiel von einem Soldaten erzählt, der darum bittet, loszuziehen, um einen verwundeten Kameraden zu suchen. Der Kommandeur sagt: „Nein, ich verweigere diese Erlaubnis. Du könntest getötet werden. Wir wissen gar nicht, ob der Mann überhaupt noch lebt." Aber der Soldat zieht trotzdem los. Als er zurückkommt, bringt er den Leichnam seines Kameraden mitgeschleppt, ist aber selbst tödlich verwundet.

Wütend fährt ihn der Kommandeur an: „Siehst du jetzt, was für eine Dummheit das war? Jetzt habe ich euch beide verloren!" Aber der Soldat entgegnet: „Trotzdem war es richtig. Als ich hinkam, war Joe noch am Leben und er sagte zu mir: ‚Bill, ich wusste, dass du kommen würdest.'"

Wie lässt sich diese Art unlogischen Denkens anders erklären als vom Geheimnis der Liebe her?

Eine andere Geschichte rührt mein Herz aber noch viel mehr. Sie bezieht sich auf Father Flanagan, den Gründer von „Boys Town", der vermutlich bekanntesten US-amerikanischen Jugendhilfeeinrichtung. Vor einiger Zeit besuchte ich die Krypta, in der Father Flanagan beigesetzt ist. Mich bewegte es sehr, dort als Inschrift die berühmten Worte zu lesen, die er in Boys Town immer und immer wiederholt hatte: „There is no such thing as a bad boy" – „So etwas wie einen schlechten Jungen gibt es gar nicht."

Hier sei noch die Geschichte eines kleinen gewalttätigen Jungen erzählt. Er war erst acht Jahre alt und hatte seine Mutter und seinen Vater getötet. Die Polizei von Chicago wollte ihn nicht ins Gefängnis sperren, weil sie ihn dafür zu jung hielt, aber auch nicht auf die Straße hinaus lassen, weil er zu gewalttätig war. So beschloss sie, ihn zum Father Flanagan nach Boys Town zu bringen.

Jahre später beschrieb der Junge in seinem Tagebuch, wie gut er sich noch an die Bahnfahrt dorthin erinnere. Er habe sich gesagt: „Sie bringen mich zu irgendeinem Priester. Wenn er zu mir sagt, dass er mich liebt, bringe ich ihn um." Bei seiner Ankunft habe ihn Father Flanagan aber mit den Worten begrüßt: „Hallo, Joe, das hier sind James und Bill. Sie werden dir alles zeigen. Jeder übernimmt hier seinen Teil und macht mit." Der Junge schrieb, dass dieser Augenblick mit Father Flanagan sein Leben und ihn selbst für immer verändert habe, denn „ich sah in seinen Augen kein ‚Ich liebe dich', sondern ‚Du bist gut.'"

„Ändere dich nicht"

Weiter oben habe ich bereits die eindrucksvolle Geschichte „Ändere dich nicht" aus Anthony de Mellos Buch *Warum der Vogel singt* zitiert. In dieser Geschichte war jemand von der Tatsache deprimiert gewesen, dass er unfähig war, sich zu ändern. Er wurde erst geheilt, als ihm jemand sagte, dass er ihn unabhängig davon liebe, ob er sich ändere oder nicht.

Wenn ich diese Geschichte erzähle, stelle ich am Schluss immer gern die Frage: „Glauben Sie, dass Gott Sie auch so liebt?" Natürlich tut er das, stimmen mir dann alle zu. Aber das ist nicht der springende Punkt der Geschichte. Der Punkt ist, dass man einen bestimmten Menschen finden muss, der einen unabhängig davon, ob man sich ändert oder nicht, liebt, und dieser bestimmten Mensch ist *man selbst*. Sie müssen in einen Spiegel schauen und zu sich sagen: „Ich mag dich. Ändere dich nicht. Ich mag dich so, wie du bist." Wenn man das fertig bringt, dann wird eine Veränderung stattfinden.

Spiritualität in den Beziehungen zu Ihren Freunden und Geschäftskollegen

Die spirituellen Grundsätze für Ihre Beziehungen zu Ihren Mitarbeitern sind die gleichen, die für Ihr Privatleben mit Ehepartner, Freunden und Nachbarn gelten. Die spirituelle Dimension und die Kraft der Liebe sind die Wurzel aller dieser Beziehungen und müssen ganz genau in Augenschein genommen werden. Man sollte die Liebe nicht für etwas Selbstverständliches halten. Hier könnte man fragen: Wie kann ein spiritueller Lehrer Ratschläge für die Verbesserung der Beziehungen zu den Arbeitskollegen geben? Meine eigene Antwort ist bescheiden. Sie geht von der Überzeugung aus, dass man nicht fähig sein muss, selbst Eier zu legen, um ein gutes Ei von einem verdorbenen unterscheiden zu können. Ich weiß nur, dass ich Tag für Tag daran arbeite, meine Beziehungen zu allen, mit denen ich zu tun habe, zu verbessern, und im Laufe dieses Bemühens habe ich bestimmte spirituelle Prinzipien entdeckt, die bei mir funktionieren.

Ich will Ihnen diese Prinzipien nennen, damit Sie sie auf Ihre eigenen Umstände anwenden können.

In der Heiligen Schrift sagt der Evangelist Johannes: „Wie könnt ihr sagen, dass ihr Gott liebt, wenn ihr euren Nächsten nicht liebt?" Aber ich frage: Wie können Sie sagen, dass Sie Ihren Nächsten lieben, solange Sie nicht gelernt haben, sich selbst zu lieben? Mit der Erörterung der Gründe dafür, dass wir uns sehr schwer damit tun, uns selbst zu lieben, könnte man ein ganzes Buch füllen.

Zuerst einmal sind wir alle gründlich darin erzogen, *nicht* uns selbst zu lieben. Was uns im Lauf unseres Heranwachsens und unserer Erziehung von unseren Eltern, Lehrern und Betreuern beigebracht worden ist, lässt sich mit dem Spruch zusammenfassen: „Du bist einfach nicht gut genug." Man hat uns gelehrt, uns mit unserer schulischen und beruflichen Laufbahn oder unserem Namen, unserem Ansehen, unserem Körper und mit unserer Jugendlichkeit zu identifizieren. Wenn auf diesen Gebieten etwas schief geht, sagen wir natürlich: „Das deprimiert mich", „Ich bin ein Versager", „Ich bin viel zu dick, habe eine Glatze, bin unattraktiv."

In Wahrheit ist es ganz anders: Sie sind außerordentlich, einmalig. Sie sind ein Schatz. Sie haben Fähigkeiten, die Ihre wildesten Phantasien übertreffen. Aber wir tun uns schwer, das zu glauben. Uns ist viel zu gründlich das genaue Gegenteil beigebracht worden. Das steckt uns in den Knochen und in unseren neuronalen Schaltungen, wie den Kätzchen im geschilderten Experiment, die keine neuronalen Schaltungen in ihrem Gehirn entwickelt hatten, mit denen sie irgendetwas Vertikales wahrnehmen konnten.

Aus diesem Grund finden die Menschen das Meditieren und schweigende Beten so schwierig. Sie können nicht einmal für kurze Zeit ganz still sein. Nicht, weil sie zum Stillsein unfähig wären, sondern weil sie sich äußerst unwohl fühlen, wenn sie mit sich allein sind. Wie sollten sie sich auch mit sich selbst wohl fühlen, wenn sie gar nicht wissen, wer sie sind? Da wissen sie also gar nicht, wer sie sind, und jetzt sollen sie auch noch sich selbst lieben! Ich möchte hier einige grundsätzliche Dinge über die Liebe hervorheben, die Sie auf die Liebe zu sich selbst anwenden können und mit denen sie *dann* Ihre Beziehungen zu anderen verbessern können.

1. *Gehen Sie keine Beziehung ein – weder eine persönliche noch eine geschäftliche –, um von ihr etwas zu haben.*
Fragen Sie sich: Was kann ich in diese Beziehung, Freundschaft oder geschäftliche Verbindung einbringen? John F. Kennedy sagte in seiner Antrittsrede: „Fragt nicht, was euer Land für euch tun kann, sondern fragt, was ihr für euer Land tun könnt." Wenn ich eine Beziehung eingehe, um meine Probleme zu lösen, habe ich bereits die Keime der Zersetzung in diese Beziehung gestreut. Wenn ich eine Beziehung eingehe, um mich selbst oder die Menschen in meiner Umgebung zu ändern, entmachte ich mich selbst und die anderen. Wenn ich jedoch merke, wie ich in diese Beziehung etwas einbringen kann, komme ich immer von einer stabilen Grundlage her, und die Anderen wird das anregen, ebenfalls auf diese Weise auf mich zuzugehen.

2. *Erkennen Sie die zwei negativen Kräfte, die die persönlichen oder beruflichen Beziehungen beeinträchtigten und gehen Sie gegen diese an.*
Diese beiden Kräfte setzen die Anderen als selbstverständlich voraus und führen zu negativen Abhängigkeiten.

Zur ersten: Wenn Sie bei etwas oder jemandem genügend lange sind, setzt immer eine gewisse Langeweile ein. Die begeisterte Anfangserfahrung, die den betreffenden Menschen in ein ganz lebendiges, erregendes und dynamisch wirkendes Licht versetzte, scheint zu verblassen. Falls Sie sich zu sehr in eine bestimmte Arbeit vertiefen, vergessen Sie darüber womöglich, die Beziehung genügend zu pflegen. Schon wenn man das bewusst wahrnimmt, kann das dazu beitragen, diese Gefahr zu mindern.

Zur zweiten: Entwickeln Sie ein waches Gespür für die Kraft dessen, was man in der Psychologie als „anchoring", „sich verankern" bezeichnet. Sooft Sie eine intensive emotionale Erfahrung machen, neigt Ihr Gehirn dazu, derartige Emotionen dauerhaft an diejenigen Menschen zu knüpfen, die sie ausgelöst haben. Als Beispiele wären ein Sterbefall in der Familie, eine Beförderung an der Arbeitsstelle oder das Scheitern eines geschäftlichen Unternehmens zu nennen. Wenn Sie die dabei auftretenden Gefühle an *Menschen* festmachen, kommen Ihnen diese Gefühle wieder, sooft Sie diese Menschen sehen: Sie werden – im Fall negativer Gefühle – traurig oder empfinden Enttäuschung oder – im Fall positiver Gefühle – Sie empfinden freudige Erregung.

Machen Sie sich klar, dass negative „Anker" mehr als alles andere dazu angetan sind, Beziehungen zu zerstören. Wenn Sie zum Beispiel mit einem Ehepartner oder engen Freund streiten und dabei sehr gereizt werden, kann es sein, dass Sie diesen unguten Zustand mit jedem verknüpfen, der gerade in der Nähe ist.

Sie können das Folgende dagegen tun: Führen Sie die Auseinandersetzung sachlich, aber halten Sie sie kurz. Lassen Sie sie nicht mit einer bleibenden Wut enden. Falls Sie das tun, „verankern" Sie diese nämlich, und sooft Sie ihr oder ihm über den Weg laufen, wird Sie bereits sein Anblick wieder zur Wut reizen. Denken Sie an den Spruch: Lass die Sonne nicht über deiner Wut untergehen. Das ist ein kostbarer Ratschlag.

Suchen Sie nach Möglichkeiten, eine Auseinandersetzung zu beenden. Legen Sie sich von vornherein Ihre Strategie zurecht. Anthony Robbins nennt dies „das Durchbrechen Ihres Musters." Nehmen Sie sich etwa von vornherein vor, dass

Sie die Auseinandersetzung in dem Moment, in dem ein bestimmter Satz fällt, beenden und etwas anderes unternehmen. So tun Sie aktiv etwas ganz Konkretes, um die Lage zu verbessern. Manche meinen, sie könnten sich aus der Situation mit einer wütenden Bemerkung wie „Ja, das war's!" oder „Das wirst du nie kapieren!" verabschieden. Das Problem bei diesem Manöver ist bloß, dass Sie die Auseinandersetzung mit sich nehmen.

3. *Erwerben Sie sich Strategien dafür, in Ihren verschiedenen Beziehungen Glück und Freude zu wecken.*
Was lässt andere glücklich sein, wenn sie in Ihrer Gegenwart sind? Manche Menschen wollen gelobt werden. Manche erwarten das in Form einer Geste, zum Beispiel, indem Sie sie zum Essen einladen. Manche brauchen womöglich sogar eine körperliche Berührung, etwa ein anerkennendes Schulterklopfen. Aber denken Sie daran: Manche (auch Sie!) reagieren in Beziehungen vorwiegend darauf, wie sie ihr Gegenüber optisch wahrnehmen; andere, wie sie ihr Gegenüber akustisch wahrnehmen; andere reagieren auf die Körperbewegungen oder Gesten, die sie beim Anderen sehen.

Die Voraussetzungen für das Aufwachen

Die Frage, die mich – und wie ich weiß, die meisten Menschen – beschäftigt, lautet: Wenn einem erst einmal aufgeht, dass Spiritualität bedeutet, aus unserer verrückten Welt aufzuwachen, einer Welt, die uns von Kind an durch Erziehung, Schule, Ausbildung und sogar Religion einprogrammiert ist – wie schafft man es, aufzuwachen?

Welche Mittel gibt es dafür?

Die Geschichten von Helen Keller, dem strengen Asketen und dem Stern und die Geschichte vom erlösenden Mantra, die Anthony de Mello so wichtig waren, dass er sie immer wieder erzählte, zeigen es eindeutig:. Sowohl der Asket als auch der Schüler sind alles andere als starr und unflexibel und sie stehen auch nicht unter Druck von außen. Das ermöglicht ihnen die gleiche Art von Durchbruch, die auch Helen Keller erlebte.

Und wir anderen? Die meisten von uns leben in einer Art von süchtiger Anhaftung an unsere Vergangenheit mit all den Fehlern und der Schuld, die wir von ihr her mitschleppen, oder an eine Zukunft, die uns wie eine Tyrannin antreibt. Der wunderschöne Augenblick, den die Gegenwart bietet, entgeht uns. Wir nehmen nie die herrliche Zeit wahr, die wir direkt jetzt haben, und kommen nicht mit ihr in Berührung.

Die erste Voraussetzung, die man für das Aufwachen braucht, ist, dass man zugibt: Ich lebe wie im Schlaf dahin. Ich bin nicht mit der Realität in Berührung. Das ist schwierig, denn wir sind so programmiert worden, dass wir glauben, dieser Traumzustand, in dem wir dahinleben, dieser hypnotische Zustand sei real. In jeder Sucht gleich welcher Form ist eines der Hauptelemente das Leugnen. Im Zwölf-Punkte-Programm der Anonymen Alkoholiker und anderer Süchtiger besteht der erste, unerlässliche Schritt darin, dass man zugibt: Ich bin dem Alkohol, der Droge oder dem Essen machtlos ausgeliefert.

Die zweite Voraussetzung ist, dass man zum Hören fähig wird. Manchmal meinen wir, das Zuhören sei einfach, aber hören wir zu, um etwas Neues zu entdecken, oder nur, um bestätigt zu bekommen, was wir bereits glauben?

Kennen Sie die Geschichte von dem Mann, der eine Bar betritt und dort jemanden sieht, der eine Banane im Ohr stecken hat? Er denkt zwar bei sich: „Ich sollte ihn darauf aufmerksam machen", aber er tut es nicht. Er setzt sich hin, aber nach einem Martini oder zwei entschließt er sich doch: „Ich will es dem Mann sagen!" So geht er zu dem Mann hinüber und sagt zu ihm: „Wissen Sie übrigens, dass Sie eine Banane im Ohr haben?" Der Mann gibt zur Antwort: „Können Sie bitte etwas lauter sprechen?" So wiederholt er mit lauter Stimme: „Wissen Sie, dass Sie eine Banane im Ohr haben?" Der Mann entgegnet darauf: „Sie müssen noch viel lauter sprechen. Wissen Sie, ich habe nämlich eine Banane im Ohr." Das Hinhören zusammen mit dem Überwinden allen Leugnens bereitet uns also besser auf den Augenblick des Aufwachens vor, nach dem wir uns alle sehnen.

5 Im Alltag spirituell leben: Anthony de Mello über Schweigen und Gebet

Während eines Gesprächs zwischen einem Universitätsprofessor und einem Mönch begann der Mönch, Tee einzuschenken, goss ihn aus, bis er überlief und goss immer weiter aus. Der Professor rief erregt, er solle aufhören. Darauf erwiderte der Mönch: „Ihr Kopf ist wie diese Teetasse. Er ist schon voll. Da ist kein Platz für Weisheit.“

Joan Borysenko

Anthony de Mello hielt sein Leben lang unzählige Vorträge und Gesprächsrunden, aber er mochte es nicht, auf Band oder Video aufgenommen zu werden. Diese Regel kannte ab und zu Ausnahmen. Eine Ausnahme, die er mit Begeisterung machte, war 1985 ein live-Fernsehinterview mit Schwester Dorothy Farley in einem Lokalsender von New York City. Dieses Interview war ein Riesenerfolg und löste ungemein viele positive Zuschauerreaktionen aus. Es wurde einige Monate später sogar noch einmal gesendet.

In diesem Interview kamen Anthonys Vorstellungen vom Gebet ganz hervorragend zum Ausdruck. Hier folgt eine genaue Nachschrift dieser Sendung. Wäre Anthony nicht so frühzeitig verstorben, so wäre es sicher noch zu etlichen weiteren Sendungen und Interviews gekommen.

D. F.: Beten ist das leichteste auf der Welt, zuweilen aber auch das schwierigste. Vor langer Zeit wurde es definiert als das Erheben von Geist und Herz zu Gott. Wenn das Beten so leicht geht, warum beten wir dann nicht mehr? Warum beten wir nicht besser? Anthony de Mello ist Jesuit und Leiter des Sadhana Instituts. Er ist in vielen Ländern bekannt für seine Einkehrzeiten, Workshops und Seminare über das Gebet.

In einem Ihrer Workshops äußerten Sie, alle Welt sei des „Redens über Gott“ müde. Was meinten Sie damit?

A. d. M.: Lassen Sie es mich so sagen. Angenommen, Sie würden in ein Restaurant gehen und dort würde man Ihnen eine Speisekarte bringen, und dann noch eine und noch eine, die eine schöner gestaltet als die andere, und am Schluss würden Sie anfangen, die Speisekarten aufzuessen, dann hätten Sie das bestimmt bald satt. Angenommen, Sie schauen auf die Speisekarte und sehen „Beefsteak.“ Sie möchten natürlich das Beefsteak, nicht das Wort. Wir neigen dazu, über Gott zu reden, aber ich denke, die Menschen sind nicht hungrig auf das Reden über Gott, sondern sie sind hungrig auf Gott. Sie sind der Speisekarten überdrüssig. Sie möchten etwas Substanzielles zu essen bekommen.

D. F.: Das führt zu etlichen Fragen. Wie finden wir Gott ohne die Speisekarte? Und tun wir uns damit nicht ungemein schwer? Wer ist Gott?

A. d. M.: Das ist interessant. Eines der größten Hindernisse dafür, dass wir Gott finden, ist gerade, dass wir meinen, wir wüssten so viel über ihn. Sie erinnern sich, wie die Menschen nach dem Messias Ausschau hielten, und als der Messias kam, verpassten sie Ihn, weil sie eine fixe Vorstellung davon hatten, wer der Messias sei. Als sie den betreffenden Menschen sahen, sagten sie: „Soll denn das der Messias sein?“

Im Osten haben wir eine hübsche Geschichte. Ein kleiner Fisch schwimmt im Meer herum und sucht das Meer. Sooft er einem anderen Fisch begegnet, fragt er ihn: „Wo kann ich das Meer finden?“ Der andere Fisch sagt: „Das Meer? Das hier *ist* das Meer!“ Aber der kleine Fisch sagt: „Das hier ist Wasser. Ich suche das Meer.“

Nun, das passiert mit so vielen Menschen, die nach Gott suchen. Es ist, als seien sie rings von Ihm umgeben, aber sie erkennen ihn nicht, weil sie nach dem Falschen suchen und am falschen Ort suchen.

D. F.: Ich möchte Sie zwei Dinge fragen. Ich weiß nicht, ob ich zunächst negativ sagen soll, wonach man nicht suchen soll, oder positiv, wonach man suchen soll.

A. d. M.: Gut, fangen wir mit dem an, wonach man suchen soll.

Erstens möchte ich sagen, suchen Sie nach gar nichts. Denn wenn Sie nach etwas suchen, besteht die Gefahr, dass Sie das übersehen, wonach Sie in Wirklichkeit suchen. Das ist, wie wenn Sie ganz angestrengt nach etwas suchen und eine ganz feste Vorstellung davon im Kopf haben. Nun ist aber eine der großen Eigenschaften Gottes, dass er völlig unvorhersagbar ist. Er kommt immer in Formen daher, in denen man ihn ganz und gar nicht erwartet hätte und überrascht einen. So gilt also zunächst einmal: Suchen Sie nicht zu angestrengt. Und suchen Sie nicht nach etwas, von dem Sie eine ganz feste Vorstellung im Kopf haben. Ich rate den Leuten immer: Begebt euch ins Schweigen und seid einfach gegenwärtig. Dann könnt ihr es nicht verpassen. Es ist alles da.

D. F.: Das klingt ziemlich schwierig, da wir hier in einer Stadt sind, die ständig in Bewegung ist. Ich denke, wir alle sind es auch ständig. Mitten im Lärm still zu sein und Zeit für das Schweigen zu finden, ist eine echte Herausforderung.

A. d. M.: Das stimmt, das ist ein echter Einwand. Aber wissen Sie, das Schweigen, von dem ich spreche, ist nicht die Art Schweigen, wie man sie in einem Kloster übt. Meiner Auffassung nach kann man es mitten auf dem Marktplatz haben. Wissen Sie, das ist jetzt wie hier, wenn Sie und ich jetzt miteinander reden und beide gleichzeitig sehr schweigsam sein können, selbst während wir reden. Mit schweigsam sein meine ich nämlich, in diesem Augenblick wirklich ganz hier zu sein. Mir dessen bewusst zu sein, was genau jetzt mit Ihnen geschieht, so wie ich jetzt gerade mit Ihnen spreche und mir dessen bewusst bin, was ich tue. Das ist Schweigen.

D. F.: Dazu braucht man einige Übung.

A. d. M.: Nun, das können Sie jetzt hier auf der Stelle üben.

Wenn ich durch die Straßen von New York gehe, ist das eindrucksvoll: wie effizient alles funktioniert, welchen Schwung die Leute haben. Ich würde nicht sagen, dass man das alles anhalten muss, um Gott zu finden. Tut einfach das, was ihr tut. Angenommen, Sie fahren ein Auto. Sie können beim Fahren dieses Autos schweigsam sein. Oder Sie sitzen jetzt gerade hier. Nehmen Sie jetzt bewusst wahr, wie Ihr Gesäß auf den Stuhl drückt. Wir sind jetzt im Fernsehen. Da draußen hören uns eine Menge Leute zu und sie können alle das gleiche tun. Nehmen Sie bewusst das Gefühl wahr, wie Ihr Gesäß auf den Stuhl drückt. Oder wie Ihre Oberschenkel auf den Stuhl drücken. Nehmen Sie wahr, wie Ihre Hände auf den Stuhllehnen ruhen. Spüren Sie das jetzt in diesem Augenblick ganz bewusst? Was empfinden Sie, wenn Sie sich dessen bewusst werden? Nehmen Sie sich bloß ein paar Sekunden Zeit, um sich dessen bewusst zu werden. Was passiert da mit Ihnen?

D. F.: Nun, ich denke, da muss ich zunächst kämpfen, um alles andere loszuwerden.

A. d. M.: Ja, richtig. Das ist es.

D. F.: Weil ich schon an das Nächste denken möchte.

A. d. M.: Das ist es!

D. F.: Mir geht durch den Kopf: „Was soll ich Anthony als nächstes fragen?"

A. d. M.: Ja, das verstehe ich. Was Sie da sagen, ist das, was den *meisten* Leuten passiert. Wir sind nicht hier, sondern in Gedanken schon bei dem, was als Nächstes kommen wird. Sie sind sehr ehrlich. Sie sagen: Was soll ich ihn als nächstes fragen, und das heißt, Sie sind nicht hier, was bedeutet, dass es Ihnen schwer fällt, loszulassen, sich zu entspannen, in der Gegenwart zu sein. Sobald Sie sich bewusst darum bemühen, werden Sie schweigsam, werden entspannt. Das, so denke ich, ist die große Schönheit des Schweigens und des Gebets. Würden Sie loslassen können und entspannt und ganz gegenwärtig werden, dann gibt es da einen ganzen Energiebrunnen, der aus Ihnen sprudeln würde. Sie würden staunen, wie viel Arbeit Sie dann mit einem Minimum an Energieaufwand fertig bringen würden.

Ich denke, die meisten Leute fahren mit angezogenen Bremsen. Das ist eine hübsche Redewendung. Stellen Sie sich vor, welchen Aufwand an Energie das erfordert. Wenn Sie dagegen den Fuß von der Bremse nehmen, weg von diesem Pedal, dann flutscht es. So bekommen Sie mit einem Minimum an Energieaufwand viel mehr Arbeit erledigt.

D. F.: Na gut. Jetzt habe ich die nächste Frage. Und die heißt: Werde ich das, wozu Sie mich da ermahnt haben, wirklich tun? Also den Stuhl spüren, mein Gesäß spüren, und das eine längere Zeit auf mich wirken lassen, als wir das jetzt hier getan haben?

A. d. M.: Wie meinen Sie das?

D. F.: Werde ich das wirklich während des Tages regelmäßig zu bestimmten Zeiten tun können? Es immer wieder einmal tun? Wie passt das in den Ablauf des gesamten Tages hinein?

A. d. M.: Stellen wir uns eine konkrete Situation vor. Angenommen, Sie fahren mit Ihrem Auto. Nun spüren Sie bewusst Ihren Körper auf dem Autositz, spüren, wie sich das Lenkrad anfühlt. Sie sind sich wach der Straße bewusst und all dessen, was auf ihr vorgeht. Sie können sich sehr deutlich dessen bewusst sein, was ich da jetzt gerade sage, und doch können Sie auch das Gefühl für diesen Autositz haben. Sooft Sie also daran denken, nehmen Sie Kontakt mit

Ihrem Körper auf, mit jeder Sinnesempfindung, die Sie spüren. Das ist eine gute Möglichkeit, sich in die Gegenwart zu versetzen.

Oder sagen wir, Sie haben gegessen und sind jetzt beim Abspülen. Wenn Sie da jetzt bewusst das Wasser fühlen können, können Sie auch beim Spülen sehr effizient sein. Erfühlen Sie das Wasser, das Ihnen durch die Finger rinnt, erfühlen Sie das Geschirr, das Sie zum Spülen in der Hand haben. Auch dadurch werden Sie ruhiger und kommen in die Gegenwart, denn wissen Sie, Sie werden es unmöglich finden, das zu tun und sich gleichzeitig Sorgen um die Zukunft zu machen oder Ängste wegen etwas Vergangenem zu empfinden. Nun, wahrscheinlich wird es so sein, dass Sie das immer wieder vergessen. Das passiert den meisten. Aber sooft es Ihnen wieder einfällt, kommen Sie wieder darauf zurück und machen diese kleine Übung wieder, und nach einiger Zeit entwickeln Sie einen Appetit darauf. Auf diese Weise nehmen Ihre kurzen Augenblicke des Schweigens immer mehr zu. Nach ein, zwei Monaten merken Sie dann, dass Sie das gleiche Maß an Arbeit bewältigt haben wie immer, aber Sie fühlen sich entspannter. Sie hatten mehr Energie. Sie sind „heimgekommen" und nicht mehr so angespannt. So ist das Gebet, als Schweigen in diesem Sinn verstanden, das Effizienteste, Nützlichste und Praktischste, was man sich für das heutige Leben vorstellen kann.

D.F.: Ist diese Übung schon das Gebet an sich? Oder entsteht das Gebet daraus?

A.d.M.: Wenn Sie in die Gegenwart kommen können, wirklich in ihr bleiben können, das Schweigen schmecken können, dann *ist* dies das Gebet der großen Kontemplativen. Wissen Sie, es ist dieser Geschmack des Schweigens. Denn wenn Sie schweigsam werden, ist es unmöglich, ins Schweigen zu kommen, ohne etwas von dem zu kosten, das wir Gott nennen, das Göttliche, den Grund unseres Daseins.

Das wäre also Gebet, ein sehr gutes Gebet. Sie brauchen nicht zu denken: Jetzt muss ich aber mit Gott sprechen.

D. F. Wir suchen immer nach Worten.

A. d. M.: Das ist auch gut und ganz in Ordnung. Ja, das ist wunderbar, denn Sie wissen ja, das Herz des Menschen braucht das Gespräch mit jemandem. Daher wird es Zeiten geben, in denen Sie mit Gott sprechen. Aber angenommen, Sie lieben jemanden wirklich. Dann sind sie zeitweise auch einfach schweigend bei ihm. Da muss nichts gesagt werden. Nun, das ist die Art Schweigen, die ich meine. Sie sind dann einfach still, sind sich nicht einmal bewusst, dass da jemand ist. Aber wenn Sie still werden, ist etwas geschehen. Während es geschieht, werden Sie sich seiner nicht bewusst sein – das kommt erst später -, aber da ist etwas.

D. F.: Es gibt bei dem, was Sie gesagt haben, noch etwas anderes, das mich verblüfft hat. Etwas über uns bezüglich des Gebets, in dem Sinne, dass wir uns dabei alle sozusagen eher wie Geschäftsleute als wie Mystiker verhalten.

A. d. M.: Ganz genau. Wie soll ich das erklären? Wissen Sie, es gibt zwei Typen von Menschen: den Geschäftsmann und den, der alles Lebendige genießt und feiert. Wir brauchen beide Typen. Mit dem Geschäftsmann meine ich jemanden, der ein Ziel hat, auf das er hinarbeitet. Das ist eine wunderbare Sache, denn solchen Leuten verdanken wir, dass es hier Wolkenkratzer und Jumbo Jets gibt, alle diese modernen Erfindungen, die ich hier sehe. Jedesmal, wenn ich hierher komme, ist es eine Art Kulturschock, aber es ist wunderbar und großartig.

Aber es gibt etwas anderes, das wir daneben ebenfalls entwickeln müssen. Wir brauchen die Fähigkeit zum Feiern, zum Leben. Nicht nur zum Leben, um etwas zu tun, sondern zum Leben in Form des einfachen Da-seins. Ich will Ihnen ein Beispiel nennen. Sie entsinnen sich, dass ich vorhin vom Geschirrspülen gesprochen habe?

D. F.: Ja, aber ich befürchte, ich halte das für keine besonders anziehende Tätigkeit.

A. d. M.: Das Geschirrspülen?

D. F. *(lachend)*: Ja!

A. d. M. *(lachend)*: Aber Sie müssen nun eben Geschirr spülen. Angenommen, Sie spülen dieses Geschirr, weil Sie Gäste zum Essen eingeladen haben und das Geschirr brauchen. Mit Ihren Gedanken sind Sie ganz bei dem bevorstehenden Essen. Darum denken Sie: Ich will schnell machen und diese Sachen noch wegspülen. Das Geschirr ist Ihnen nicht so wichtig und das Spülen ist Ihnen nicht so wichtig; Sie sind mit dem Kopf schon ganz bei dem Essen. Das wäre also das Geschäft. Sie spülen das Geschirr, um zu etwas anderem zu kommen.

Aber jetzt nehmen wir einmal an, dass Sie zwar das Essen vor sich haben, aber Sie möchten trotzdem die Erfahrung genießen, dieses Geschirr abzuspülen. Wenn Sie mit dieser Einstellung ans Spülen gehen, spülen Sie *wirklich* das Geschirr und sind ganz bei dieser Verrichtung. Und Sie sind dann eine Art Mystikerin, sie zelebrieren ihre Tätigkeit. Sie schmecken das Leben, leben das Leben. Wenn es beim Schälen einer Orange Ihr einziges Ziel ist, die Orange zu essen, passiert es Ihnen wahrscheinlich, dass Sie beim Essen der Orange nicht die Orange essen. Sie sind dann mit dem Kopf schon wieder anderswo, denken an etwas anderes.

D. F.: Das ist immer so!

A. d. M.: Sie sind immer irgendwo anders.

D. F.: Oder bei etwas Vergangenem.

A. d. M.: Oder bei etwas Vergangenem. So geschieht das Merkwürdige, dass Sie ein grandioses Festessen hatten, aber nicht gegessen haben, weil Sie mit dem Kopf nicht dabei waren, sondern irgendwo anders.

D. F.: Da habe ich noch eine Frage. Ganz so schlimm ist es mit dem Abspülen auch nicht. Allerdings haben Sie mich immer noch nicht ganz dafür begeistern können. Aber wie ist das mit Dingen, die wir *ganz und gar nicht* mögen, äußerst unangenehmen Umständen oder Schmerzen? Wenn ich das alles ganz los sein möchte, wie kann ich da überhaupt gegenwärtig bei diesem Schmerz sein wollen und ihn wahrnehmen?

A. d. M.: O, das ist eine schwierige Frage. Ich muss sagen, Sie stellen gute Fragen.

D. F. *(lachend)*: Ich habe vorausgedacht.

A.d.M. *(lachend)*: Also gut, ich gebe Ihnen zwei Antworten. Zunächst will ich Ihnen etwas erzählen, das ich selbst erfahren habe. Ich besuchte einmal ein Besinnungsseminar bei einem buddhistischen Lehrer. Ich wollte unbedingt dahinterkommen, was es mit der buddhistischen Meditation auf sich hat. Dieser Mann sagte zu mir: „Ich möchte, dass Sie jetzt eine bestimmte Körperhaltung einnehmen und diese eine Stunde lang beibehalten. Bewegen Sie sich nicht."

Ich saß also in einer Art von Halblotussitz da, was schon ziemlich schwierig ist, und dachte mir, dass ich das höchstens zehn Minuten lang schaffen würde. Aber ich war eisern entschlossen, mich nicht zu bewegen, obwohl ich gewaltige Schmerzen im rechten Knie und im Rücken bekam. Ich dachte mir: „Soll ich meine Haltung ändern und den Schmerz loswerden oder soll ich einfach so bleiben?" Nun hatte er uns auch gesagt, wenn man Schmerz empfinde, solle man vor ihm nicht davonlaufen, sondern sozusagen in ihn hineingehen. So dachte ich mir: „Vielleicht versuche ich das doch." So ging ich in mein Knie, in den Schmerz darin, und ich versuchte, ihn in seine verschiedenen Bestandteile aufzubrechen. Ich beobachtete ein Wärmegefühl, ein Ziehen, ein Drücken, ganz unterschiedliche Empfindungen, und einen Punkt, den ich als den Schmerzpunkt identifizierte, der sich ständig von einer Stelle zur andern bewegte. Und wissen Sie, was dabei mit mir passierte?

Am Ende dieser vollen Stunde hatte ich den Schmerz noch immer, aber ich *litt nicht mehr* darunter. Denn was ist Leiden? Leiden ist „Das möchte ich nicht! Ich möchte das los sein! Ich möchte davor davonlaufen! Wie lange soll das noch so weitergehen?" Aber sobald man etwas annehmen kann (und mit „annehmen" meine ich nicht: billigen, genießen oder auch nur, sich darin ergeben), kann man dabei bleiben, statt davor davonlaufen zu wollen. Wenn Sie es loswerden können, ist das wunderbar, aber solange Sie es nicht loswerden, leben Sie in Frieden damit. So sieht die Erfahrung des Schmerzes ohne Leiden aus. Wenn Sie dazu fähig sind, gewinnen Sie als Mensch gewaltig an spiritueller Tiefe.

Aber ich habe Ihnen zwei Antworten auf diese Frage versprochen. Ich würde das nicht jedem und nicht immer empfehlen. Wenn der Schmerz zu stark wird, tun Sie etwas, um ihn wegzubringen. Aber halten Sie Schmerz in kleinen Dosen aus. Wenn Sie sich das zur Gewohnheit machen, werden Sie staunen. Hätte mir das jemand vor diesem Seminar gesagt, so hätte ich ihn für verrückt gehalten. Das gleiche wäre der Fall gewesen, wenn mir vor fünfzehn Jahren jemand gesagt hätte, um ins Schweigen und ins Gebet zu gelangen, müsse man bloß seinen Körper als gegenwärtig wahrnehmen. Ich hätte bei mir gedacht: „Ist das albern. Das ist viel zu oberflächlich."

D. F.: Das ist für uns ungewohnt.

A. d. M.: Richtig. Es ist so einfach, dass wir es nicht glauben. Wir meinen, es müsste schwieriger sein.

D. F.: Aber was ist mit anderen Gebeten? Wir haben eine ganze Geschichte von Gebeten, die Liturgie, der Rosenkranz, andere Formen des Gebets. Sollen wir die immer noch verwenden?

A. d. M.: Ja. Die Liturgie ist etwa sehr Schönes, und auch alle diese anderen Gebetsformen sind wertvoll. Sie erfüllen ein Bedürfnis des menschlichen Herzens. Wir müssen auf diese Weise mit Gott in Kommunikation treten, mit unserem Kopf, unserem Körper, unseren Emotionen und als Gruppe in Gemeinschaft. Aber den Großteil des Tages kann man das nicht tun. Etwa, wenn Sie mit dem Auto fahren. Oder wenn ich mich jetzt hier mit Ihnen unterhalte und mir dessen bewusst bin, was ich tue und sage, und mir auch meines Körpergefühls bewusst bin. Ich kann kaum mit Gott sprechen, während ich mit Ihnen spreche, kann aber trotzdem still sein und ins Schweigen gehen. So kann ich also beides tun.

Es gibt Zeiten, in denen wir sprechen müssen. Wenn Sie etwa große Sorgen haben, rufen Sie spontan Gott um seine Hilfe an. Das ist wunderschön. Und dann gibt es Zeiten, in denen überhaupt nichts gesagt zu werden braucht. Sie sind einfach da. Das Schöne daran ist, dass Sie dabei das, was Sie tun, Ihre Aktivitäten, überhaupt nicht zu unterbrechen brauchen. Dieser buddhistische Meister, den wir damals hatten, war sehr interessant. Er hielt auch Seminare für Dutzende von Priestern, Ordensschwestern, Pfarrern und Angehörigen anderer Religionen. Stellen Sie sich meine Überraschung vor, als ich erfuhr, dass er ein Industrieller war, und sogar ein sehr reicher Industrieller. Er erzählte mir, dass sein Unternehmen immer besser floriere, seit er zu dieser Art von Schweigen gefunden habe, dieser schweigenden Form der Meditation. Der Grund dafür ist mir klar. Denn äußerlich arbeitete er sehr aktiv, aber innerlich ruhte er, war entspannt. Was immer er tat, tat in Wirklichkeit nicht *er*. Es wurde durch ihn getan und er ließ einfach los. Sie sehen, was ich vorschlage, ist etwas für den Alltag.

Aber man muss sich auch Zeit für die Liturgie aussparen.

D.F.: Bevor wir aber zu weit ausholen, möchte ich Ihr Buch *Sadhana* erwähnen[3], denn es enthält so viele nützliche Übungen.

---

[3] deutsch: *Mit Leib und Seele meditieren*, Herder Spektrum, Freiburg 1999.

A. d. M.: Das stimmt.

D. F.: Ich habe vor, viele von ihnen auszuprobieren. Zudem möchte ich fragen: Wenn jemand diese Bücher liest und sich an die Übungen hält, kann er oder sie dann auch andere zu diesen Übungen anleiten, einzeln oder in Gruppen?

A. d. M.: Machen Sie es mit einer Gruppe. Wenn Sie aber jemanden führen möchten, müssen Sie das, wovon Sie reden, selbst erfahren haben. Solange Sie das alles nicht selbst erfahren haben, wäre es besser, sich nicht auf das Abenteuer einzulassen, andere zu führen. Aber das, was ich in diesem Buch vorschlage, können Sie gut gemeinsam mit anderen üben. Lesen Sie zunächst einen Abschnitt laut vor. Dann leiten Sie sie an, ihn in die Praxis umzusetzen. Das geht sehr gut.

Oder wissen Sie, Sie können das natürlich auch für sich machen. Das Buch erklärt sich selbst. Lesen Sie einfach den Text und machen Sie dann die betreffende Übung. Und dann lesen Sie wieder einen Abschnitt und machen die beschriebene Übung.

D. F.: Raten Sie eher, es nicht allein zu machen, oder bin ich da zu streng, wenn ich das sage?

A. d. M.: Nein, nein. Dieses Buch habe ich ja ausdrücklich zum persönlichen Gebrauch geschrieben. Lesen Sie für sich ein Kapitel und machen Sie dann eine Übung. Aber wenn das eine Gruppe oder ein Paar gemeinsam macht, ist das auch wertvoll. Wissen Sie, wenn Sie jemanden finden, der Ihnen die Anleitung zu einer Übung langsam vorliest, dann ist das eine Art Schweigen in Gemeinschaft und geht sogar noch tiefer.

D. F.: Welchen Ort empfehlen Sie, um die Übungen zu machen?

A. d. M.: Meiner Auffassung nach eignet sich jeder Ort, vorausgesetzt, der Lärm ist dort nicht so groß, dass er Ihr Gehör schädigt. Für diese Art von Gebet taugt tatsächlich jeder Platz. Für die Übung mit Phantasiereisen brauchen Sie vielleicht einen besonders ruhigen Platz. Aber was den ersten Teil des Buchs angeht, die Achtsamkeitsübungen, da stört der Lärm nicht. Achten Sie einfach bewusst auf den Lärm und beobachten Sie, wie der Lärm Schweigen schafft.

D. F.: Ich wünschte, wir hätten mehr Zeit, besonders deshalb, weil Sie in Ihrem vorigen Buch mit dem Titel *Warum der Vogel singt* einige wunderbare Dinge geschrieben haben.

A. d. M.: O ja, die Geschichten.

D. F.: Aber wenn wir mehr Zeit haben wollten, hieße das, dass Sie nicht nach Indien zurückkehren könnten. Wir müssten Sie hier festhalten.

A. d. M. *(lachend)*: Ja, aber ich muss morgen zurück.

D. F.: Ich möchte mich herzlich bedanken, dass Sie bei uns waren.

6 Das Drama-Dreieck

Im eigenen Leben gibt es keinen Telefonanrufbeantworter, aber ein Anruf-Faxgerät. Falls Sie die Fragen „Wer bist du? Was willst du? für belanglos halten, dann bedenken Sie, dass die meisten Menschen in diese Welt kommen und sie wieder verlassen, ohne sie je zu beantworten.

Joan Borysenko

Anthony de Mello ging in seiner praktischen Arbeit immer wieder vom sogenannten „Drama-Dreieck" aus. Dabei geht es um ein praktisches Problem, in das viele von uns unmerklich geraten. Er übernahm diese Methode aus Eric Bernes Buch *Spiele der Erwachsenen.* Als Spiel bezeichnet Berne eine Folge verdeckter Transaktionen, die auf einen genau definierten Spielgewinn abzielen. Der in einem Spiel Agierende gibt vor, etwas Bestimmtes zu tun, während er in Wirklichkeit etwas anderes tut. Insofern wird bei diesem Spiel immer auch geschwindelt.

Anthony de Mello sagte, ein Spiel sei eine Transaktion zwischen zwei Menschen, wenn dabei der eine versucht, dem anderen unbewusst das Gefühl zu geben, er sei nicht o.k. und den anderen dazu zu bringen, ihm oder ihnen beiden das Gefühl zu geben, sie seien nicht o.k. Der Beweis dafür ist das ungute Gefühl, wir seien nicht o.k., das uns die Leute schon in unserer Kindheit vermittelt haben. Wir wurden bestraft, weil wir zu verwegene Dinge getan hatten; man sagte uns, wir seien mit der Erbsünde auf die Welt gekommen. Und im weiteren Verlauf unseres Lebens wurde uns das immer wieder bestätigt.

Im „Drama-Dreieck" spielen die Teilnehmer die Rollen des Retters, des Opfers und des Verfolgers. Das lässt sich in ein Dreieck-Schema bringen, mit R, O und V an den drei Ecken. Der echte Retter ist der, der sich aufmacht, um einem Opfer beizustehen, das absolut nicht in der Lage ist, sich selbst zu helfen, zum Beispiel einem bewusstlosen Menschen oder einem neugeborenen Kind. Situationen, in denen man einen Helfer von außen braucht, sind äußerst selten.

Wann spielt ein Retter also das Retter-Spiel? Dafür gibt es vier Situationen: 1. hilft ein Retter jemandem, der gar keine Hilfe braucht oder will; 2. hilft ein Retter jemandem, dem er gar nicht helfen will; 3. hilft ein Retter jemandem, der nicht selbst alles in seiner Macht stehende tut, um sich zu helfen; und 4. hilft ein Retter jemandem, der etwas benötigt, aber nicht genau sagt, was er braucht. Im Allgemeinen sind die häufigsten Gefühle, die die Beteiligten damit verbinden: Schuldgefühl beim Retter; Hilflosigkeit und Ärger beim Opfer; Ärger und Wut beim Verfolger.

Ich werde also zum Retter, wenn ich Ihnen eine Hilfe biete, die Sie nicht wollen oder nicht brauchen. So wurde zum Beispiel 1936 Thomas Roberts zum Erzbischof von Bombay ernannt, obwohl er keinerlei inneres Verhältnis zu Indien hatte. Als er eine hoch entwickelte Kirche vorfand, einen begabten Klerus und fünfundzwanzig Bischöfe, begann er sich zu fragen: „Was tue ich hier? Ich, ein hierher versetzter Engländer, wo es doch hier eine Menge geeigneter Leute für mein Amt gäbe?" Tatsächlich gab es ein Konkordat, in dem festgelegt worden war, dass die Bischöfe entweder Engländer oder Portugiesen sein sollten. Mit anderen Worten, der Bischof von Bombay musste Engländer sein, und nach seinem Tod würde sein Nachfolger ein Portugiese sein. Das führte zu einer gewaltigen Verstimmung in der Ortskirche, weil das indische Volk hier eine Hilfe bekam, die es nicht brauchte und nicht wollte. Diese Situation ergibt sich häufig, weil die Menschen es tief in ihrem Inneren energisch ablehnen, dass man ihnen Helfer vorsetzt. Sie äußern sich zwar oft dankbar, hegen aber trotzdem ein Ressentiment.

Natürlich besteht die echte Lösung darin, sich aus dieser Situation ganz herauszunehmen, aber manchmal sitzt man darin fest, wie es bei Roberts der Fall war. Aber er war anders. Er griff zu einer List. 1946 ernannte er einen Weihbischof mit dem Namen Gracias. Und dann reiste Roberts 1947 auf Nimmerwiedersehen ab, nachdem er Gracias damit beauftragt hatte, die Diözese zu leiten. Nach fünf Jahren war klar, dass er nie mehr zurückkommen würde. So beschloss der Vatikan, einen neuen Erzbischof als seinen Nachfolger zu ernennen. Das geschah übrigens drei Jahre, nachdem Indien von Großbritannien unabhängig geworden war. Auf irgendwelchen Wegen erfuhr der Premierminister Nehru frühzeitig von dieser Absicht und erließ das Verbot, dass ein Ausländer in Indien Erzbischof werden dürfe. Er würde einfach kein Visum bekommen. Schließlich ernannte der Vatikan im Jahr 1950 Gracias zum Erzbischof der Diözese. Wenn man das alles auf das Gebiet der spirituellen Führung überträgt, so möchte man hier in Wirklichkeit, dass der betreffende Mensch selbstständig zu denken lernt. Ein solches selbstständiges Denken bedeutet eine Herausforderung an einen selbst. Schließlich geht es darum, selbst die Verantwortung für sich zu übernehmen.

Sehen wir uns jetzt die zweite Form von Retter an. Im ersten Fall hilft man jemandem, der diese Hilfe nicht braucht oder nicht will. Der zweite Fall tritt dann ein, wenn Sie selbst keine Hilfe geben wollen. Angenommen, jemand kommt zu Ihnen und sagt: „Könnte ich kurz mit Ihnen sprechen?“, Sie sind aber eigentlich viel zu müde dazu. Doch Sie sagen sich: Für Freunde muss man immer Zeit haben, und folglich geben Sie zur Antwort: „Ja, kommen Sie gleich nach dem Abendessen." Dann kommt die betreffende Person und redet nur über Belanglosigkeiten, und Sie gehen vom Gefühl, der Retter zu sein, über zum Gefühl, ein Opfer zu sein. Falls Sie dann noch gereizt werden, schlüpfen Sie am Ende in die Verfolgerrolle. Zum Schluss sieht Sie dann der betreffende Klient oder Mensch in einem ganz schlechten Licht und nicht als Helfer. Folglich müssen Sie den Mumm haben, Nein zu sagen, wenn Sie Nein meinen.

Die dritte Form des Retters ist derjenige, der jemandem hilft, der nicht alles in seiner Macht stehende tut, um sich selbst zu helfen. Jemand hat Ihnen erzählt, ihm sei die Zeit zu knapp und Sie gebeten, ihm sein Haus zu streichen, und dann sitzt er da und liest einen Roman, während Sie arbeiten.

Die vierte Situation im Drama-Dreieck ergibt sich, wenn jemand etwas von Ihnen will, aber nicht genau herauslässt, was er oder Sie eigentlich genau will. Da hat zum Beispiel Mutter morgen Geburtstag, aber sie sagt nicht: Ich möchte, dass morgen jemand von euch das Frühstück richtet oder das Haus putzt.

Ein solcher Mensch, der nicht aufrichtig seine Bitten oder Gefühle äußert, stellt unbewusst eine Falle auf. Wenn nicht passiert, was er will, entwickelt er bittere Gefühle, wird zum Opfer, dann zu einer Art Verfolger. Fragt man ihn: „Warum hast du nicht gesagt, was du wolltest und lässt auch den anderen die Freiheit, das zu tun, was sie wollen?", erwidert er womöglich: „Wenn du mich lieben würdest, hättest du dies oder jenes getan." Ein solcher Mensch ist darauf aus, auf die Art geliebt zu werden, die er erwartet.

Fragen Sie in jedem Fall, aber lassen Sie dem anderen seine Freiheit.

Das sind die vier Situationen, die im Drama-Dreieck durchgespielt werden. Sie bieten eine hervorragende praktische Anleitung dafür, Probleme mit Groll und Ärger in unserem Leben zu verstehen.

7 Gefühle

Wer einen Regenbogen sehen will, muss den Regen in Kauf nehmen. Am Ende eines Lebens ohne Widrigkeiten wird man schwerlich einen Regenbogen finden.

Dolly Parton

Der Grund, weshalb wir im Zusammenhang mit Spiritualität auf unsere Gefühle zu sprechen kommen, ist, dass wir diese so oft unterdrücken. Wenn wir als Kinder hinfallen und zu weinen anfangen, sagt man zu uns – besonders wenn wir Jungen sind –: „Sei nicht so wehleidig. Jungen weinen nicht." Oder wenn man mit uns zum Arzt geht und der uns eine große Spritze setzt, sagt man zu uns: „Das tut überhaupt nicht weh!" Aber die Nadel tut weh!

Dabei passiert das Folgende. Weil das Kind sich unbedingt die Liebe des Erwachsenen erhalten möchte, „schluckt" oder unterdrückt es lieber das, was es in Wirklichkeit fühlt, als dass es den Verlust dieser Liebe riskiert. Dann braucht man sich nicht zu wundern, wenn später im Leben eine Ehefrau womöglich sagt: „Hast du denn überhaupt kein Feingefühl? Spürst du überhaupt nichts?" Natürlich hat der Mann kein Feingefühl. Man hat es ihm ja von Kind an ausgetrieben.

Wie man mit spirituellen Problemen umgeht, hat viel damit zu tun, wie man mit den eigenen Gefühlen umgeht. Es war früher üblich, Menschen, die ein Problem hatten, zu ermahnen, sich anzustrengen und einen starken Willen zu entwickeln, um es zu überwinden. Ermahnung schien das probate Mittel und man beredete den Betroffenen mit den besten rhetorischen Argumenten. Man wies dann vielleicht noch auf Ideale oder Beispiele hin, auf Menschen, die es auch geschafft haben. Man forderte gute Gewohnheiten ein und gab Ratschläge für ein festes Programm oder einen Zeitplan.

Wenn jemand etwa sagte: „Ich bin so träge", dann wandte man üblicherweise das Gegensatzprinzip an und ermahnte ihn: „Also gut, strenge dich an und werde fleißiger." Als nächstes setzte man hinzu: „Nimm dir ein Beispiel an den Menschen, die fleißig sind!" Aber das Ergebnis war nur, dass sich der oder die Betreffende schuldig fühlte. Ein spiritueller Begleiter kann vielleicht drei oder vier Dinge vorschlagen, die man ab morgen tun könnte; und wenn er oder sie das schafft, schlägt er wieder ein bisschen mehr vor, eine bestimmte Übung für jeden Tag, oder er bringt ein Beispiel, an dem man sich orientieren sollte. Mit all dem kann der oder die Betreffende sein Verhalten vielleicht tatsächlich verändern.

Der Mensch selbst ändert sich dabei jedoch nicht. Wenn man die Gefühle nicht ändert, ändert man auch den Menschen nicht.

Wenn heute jemand sagt: „Ich bin träge", dann lautet die richtige Frage: „Du bist träge? Was meinst du damit? Es gibt viele Formen von Trägheit. Beschreibe mir die deine." Angenommen, der oder die Betreffende gibt dann zur Antwort:

„Ich habe keinerlei Antrieb, irgendetwas zu tun."

„Und wann fängt das an?"

„Schon im Bett, vor dem Aufstehen."

„Deprimiert dich das? War das schon immer so?"

„Nein, das hat erst vor drei Jahren angefangen."

Da passiert jetzt etwas *hier* und *jetzt*: Sie werden sich eines Umstands bewusst, und genauso wird sich der betreffende Mensch seiner bewusst.

Eine Grundwahrheit lautet, dass alle Menschen gern etwas tun; alle Menschen lieben; alle Menschen geben gern etwas her. Da ist also irgendwo etwas schiefgelaufen, und die Aufgabe besteht darin, das herauszufinden.

„Nein. Das ist erst seit den letzten paar Jahren so."

Es könnte sein, dass es „ein Jahr nach meiner Priesterweihe" anfing.

„Was passierte da? Passierte wirklich etwas?"

„Na ja, in meinem letzten Studienjahr lief alles wunderbar, aber dann schnitt ich bei der Abschlussprüfung miserabel ab. Es war vorgesehen, dass ich nach Rom geschickt werden sollte. Ich hatte das Gefühl, meine Professoren hätten mich unfair behandelt."

„Sind Sie sich dessen sicher?"

„O ja. Was soll's", setzte er hinzu, weil er das Gefühl hatte, seine Karriere sei dahin und nichts sei es mehr wert, es richtig zu tun.

Gehen Sie zurück und finden Sie heraus, was ihm zusetzt. Sie können sehen, dass er immer noch wütend ist. Aber wenn er das alles in den Griff bekommt, wird er sich ändern.

Wenn heute Ihr Auto stehenbleibt, schieben Sie und Ihr Mitfahrer es, und Sie schieben es bis zur nächsten Werkstatt. Viele Leute schieben sich so durch ihr Leben. Dafür braucht man keine besonderen Fertigkeiten, sondern bloß ein paar Leute, die schieben helfen. Einen Fachmann allerdings brauchen Sie, wenn es darum geht, die Haube zu öffnen, nachzusehen, wo es klemmt und das wieder zu reparieren. Der Fachmann verändert etwas, und dann kann Ihr Auto wieder aus eigener Kraft fahren.

Wenn von zwei Menschen jedem ein Gefühl hochkommt, dann gibt es irgendwo einen Anreiz, einen Anlass dafür, dieses Gefühl zu haben. Und wir unterstellen, der Anreiz verursache dieses Gefühl. In Wirklichkeit ist es aber nicht Ihre Bemerkung, die mein Gefühl auslöst, mich zu ärgern. Es ist meine Wahrnehmung des Anreizes, die das Gefühl auslöst, das ich empfinde. So kann mich Ihre Bemerkung verärgern, während sie jemand anderem überhaupt nichts ausmacht. Zwei Menschen, die beide gerade erfahren haben, dass sie Krebs haben, können darauf ganz unterschiedlich reagieren. Ihre Art, die Lage einzuschätzen, wirkt sich auf sie aus, und ihre gefühlsmäßige Reaktion wird von dieser Information ausgelöst, aber nicht in ihrer Eigenart bestimmt. Es ist schädlich, wenn Sie die Erfahrung bestimmter Gefühle wie Trauer, Wut, Angst, Freude oder Liebe nicht zulassen. Diese Grundgefühle tragen in hohem Maß dazu bei, dass wir wirklich menschlich sind. Im Gegensatz dazu sind alle anderen Gefühle selbstgemacht. Beispiele: Ärger, Schuldgefühl, Eifersucht, Selbstmitleid, Wut auf sich selbst, Mutlosigkeit, Abgelehntwerden, Deprimiertsein. Sie alle werden von unserem eigenen Denken erschaffen, nämlich davon, dass man sich Schlechtes einredet. Daher kann dies alles von unserem eigenen Denken korrigiert werden, indem wir uns Gutes einreden.

Wut

Alle Gefühle sind gesund, können aber giftig werden. Nehmen Sie zum Beispiel die Wut. Die meisten Menschen halten sie für ein negatives Gefühl, das man ausmerzen sollte. Aber sie ist ein ganz positives Gefühl. Die gesunde Seite der Wut ist ihre Energie. Wenn Sie wütend sind, ist der Grund der, dass Sie etwas Bestimmtes wollen, aber nicht bekommen. Sie verwenden diese Energie dazu, das, was Sie wollen, zu bekommen. Wenn Sie intensiv an etwas arbeiten, aber Ihre Arbeit wird nicht anerkannt und geschätzt, und vielleicht noch schlimmer, jemand anderer bekommt die Anerkennung für das, was Sie erarbeitet haben, dann werden

Sie wütend. Sie verwenden jetzt Ihre Energie dafür, dieses Unrecht zu korrigieren.

Wenn Sie Ihre Wut zum Ausdruck bringen, ist das gut. Gut dürfte es nicht sein, wenn Sie sich von Ihrer Wut zu Handgreiflichkeiten hinreißen lassen. Sie können diese Wut abreagieren, indem Sie die Fenster Ihres Autos schließen und losschreien, oder auf ein Kissen einhauen, oder mit dem, der das Unrecht begangen hat, sprechen, oder einfach schweigen, aus dem Entschluss heraus, die Angelegenheit sei keinen Aufstand wert. Dies alles sind gesunde Ausdrucksformen. Aber wenn Sie handgreiflich werden und jemandem einen Aktenordner über den Kopf hauen, ist das kein gesunder Ausdruck Ihrer Wut. Uns wurde beigebracht, uns zu beherrschen, unsere Wut nicht zu zeigen. Unterschiedliche Kulturen gehen mit der Wut unterschiedlich um. Italiener sind dafür bekannt, dass sie ihrer Wut auf gesunde Weise Luft machen. So ist es eine gute Sache, sie auf angemessene Weise zum Ausdruck zu bringen.

Vielleicht haben Sie gehört: „Ein heiliger Mensch wird nie wütend", aber das stimmt nicht. Denken Sie zum Beispiel an die Wut Jesu, mit der er die Händler aus dem Tempel trieb. Die Wut ist eines jener negativen Gefühle, die wir zu unterdrücken neigen und die, wenn wir das tun, Probleme anstauen. Wut hat mit Wärme, Begeisterung und Selbstvertrauen zu tun, aber auch mit Konflikt. Sie müssen aus Holz sein, falls Sie nicht Ihre Wut spüren und versuchen, richtig mit ihr umzugehen. Ihre Wut wird Sie auf Situationen aufmerksam machen, in denen Konflikt angesagt ist. Das ist ausgezeichnet, denn wenn Sie nicht die Erfahrung von Konflikten zulassen können, sind Sie auch nicht zur Erfahrung von Nähe fähig.

Was die Wut angeht, haben Sie mehrere Möglichkeiten. Sie können sie verspüren, abreagieren oder zum Ausdruck bringen. Aber unterdrücken sollten Sie sie nicht, denn sonst schadet sie Ihnen sehr. Sie können sogar laut losschreien, wenn Ihnen das hilft. Die Wut ist ein Gefühl, das Sie hinaus ins Freie treibt. Aber Sie müssen etwas tun, um Sie aus Ihrem System herauszubringen. Vielleicht müssen Sie weit weg gehen und auf ein Kissen eindreschen. Solche körperlichen Reaktionen sind besonders dann angemessen, wenn jemand seine Wut zu lange unterdrückt hat. Unterdrückte Wut ist ein sehr häufiges Problem. Menschen, die aus der Haut fahren, tun das oft deshalb, weil sie zu lange alles für sich behalten hatten.

Das Unterdrücken von Wut ist schlecht, aber die Wut zu beherrschen ist gut und kann weise sein. Ich bleibe mir meiner Wut bewusst, aber ich behalte sie im Griff und warte auf eine günstige Gelegenheit, sie loszuwerden. Ich bleibe mir dieser Wut also bewusst, aber es scheint gut und weise zu sein, sie im Augenblick zu zügeln. Ist man sich ihrer bewusst, so behält man sie im Griff. Ist man sich ihrer nicht bewusst, dann hat einen die Wut im Griff.

Wenn Sie wirklich in Kontakt mit Ihrer Wut sind, gibt es nichts, wofür Sie sich entschuldigen müssten. Ehepaare stellen oft fest, dass ihre Gefühle füreinander abkühlen, weil sie ihre negativen Gefühle nicht offen äußern: „Warum das Boot zum Schaukeln bringen?" Weil sie nicht fähig sind, einander diese negativen Gefühle mitzuteilen, stauen sich diese an. Beachten Sie: Wenn ich Ihnen mitteile, dass ich eine Wut habe, also sage, dass ein bestimmtes Verhalten von Ihnen mich wütend macht, sagt Ihnen das, wo ich stehe. Und wenn Ihnen klar ist, wo ich stehe, entspannt das die Situation. Zuweilen erübrigt sich dann sogar eine Antwort.

Angst

Das nächste Gefühl ist die Angst. Mit ihr ist es ähnlich wie mit der Wut: Wenn man sie unterdrückt, verhärtet sie sich und führt zu Problemen. Der berühmte Psychologe Carl Rogers entwickelte die nondirektive Gesprächstechnik. Einer seiner Klienten, ein ehemaliger Marinekapitän, war Taxifahrer geworden und litt an einer Lähmung seines linken Arms. Sein Interview mit Rogers wurde gefilmt und der Klient sah Auszüge daraus.

Im Lauf einer späteren, besonders bemerkenswerten Sitzung von der Art, bei der jemand plötzlich etwas von sich gibt, was er sich selbst nie eingestanden hätte, stellte der Mann Rogers die Frage: „Habe ich Ihnen schon von der Schlacht vor den Philippinen erzählt? Die japanische Marine war mit großem Aufgebot da. Die vorderste Reihe der Schiffe begann anzugreifen, Kamikazeflieger schlugen zu, Schiffe standen in Flammen. Da erhielt ich den Befehl: Greift an! Ich hatte gemeint, dass ich davor Angst hätte, aber ich hatte keine. Ich zog mit großer Ruhe in die Schlacht."

„Sie waren also ganz ruhig?"

„Ja." Offensichtlich durchlebte er die Szene noch einmal. „Jetzt spüre ich ein Zittern. Das ist merkwürdig. Mein Gott, ich bewege meinen linken Arm!"

Was war geschehen? Die Angst dieses Mannes war all die Jahre eingefroren gewesen. Er war mit dieser Angst nicht in Kontakt gewesen, und sie hatte zur Lähmung geführt.

Im Ersten Weltkrieg litten viele englische Soldaten unter dem, was man damals als „Hysterie" bezeichnete. Um nicht als „Angsthasen" gescholten zu werden, waren sie fest entschlossen, keinerlei Angst zu zeigen. Im Krankenhaus wurde ihnen eine Tablette eingeflößt, dank derer sie die Schlacht noch einmal nacherleben und die ganze Angst spüren konnten. Danach beruhigten sie sich.

Im Gegensatz dazu kam diese „Hysterie" bei den Franzosen kaum vor. Sie konnten ihre Angst offen zeigen, vorausgesetzt, sie liefen nicht davon.

So ist es also wichtig, dass wir uns unseren Ängsten stellen. Manche sind natürliche, normale Ängste; andere redet man sich nur selbst ein. Über die letzteren müssen wir hinauswachsen. Es gehört daher zum Reiferwerden, dass man seine neurotischen Ängste besiegt. In meiner eigenen, mir vertrauten Welt kann ich sehr wohl entspannt sein. Anders ist das draußen in der großen Welt. Ich habe Angst vor Fremden, vor anderen Religionen, vor der Dunkelheit, davor, öffentlich vor anderen zu sprechen, und davor, mich auf etwas Riskantes einzulassen. Ich habe auch Angst davor, abgelehnt zu werden, um das zu bitten, was ich möchte, bei jemandem Anstoß zu erregen, meine eigene Meinung zu äußern. Aber Reifwerden bedeutet, an diesen Grenzen zu leben, die Schranken niederzulegen, darüber hinauszugehen.

Anthony de Mello hatte in seinem Leben anfangs vor vielen Dingen Angst, u.a. auch davor, in einem dunklen Raum ans Rednerpult zu treten. Aber „jetzt spreche ich mit Leichtigkeit. Ich genieße das Unvertraute, Unbekannte."

Bezüglich mancher Ängste muss man sich neu konditionieren. Manche von uns haben zum Beispiel immer noch vor der Dunkelheit Angst. Schauen Sie sich selbst an, wie Sie als Kind aussahen. Sprechen Sie mit diesem Kind. Setzen Sie sich ein kleines Stück weit der Dunkelheit aus. Nehmen Sie wahr, wie wunderschön sie ist. Sie fühlt sich fast wie Samt an, ist voller Ruhe, Stille, Frieden. Fangen Sie vielleicht damit an, dass Sie nachts den Kopf zum Fenster hinausstrecken. Wundern Sie sich nicht, wenn Sie dann nach einigen Tagen dieser Übung den Wunsch verspüren, nachts über den Friedhof zu gehen!

Scham

John Bradshaw hat oft über das Thema „Scham" geschrieben und gesprochen. Er behauptet, das Schamgefühl sei eines der stärksten Gefühle im Leben, denn es liege an der Wurzel aller Süchte. Und genau wie alle anderen Gefühle – Wut, Trauer, Angst und viele andere – könne es entweder gesund oder giftig sein.

Laut Bradshaw hilft uns ein gesundes Schamgefühl, Mensch zu sein. Es sagt uns, dass wir Grenzen haben, hält uns in Schranken, lässt uns wissen, dass wir Fehler machen können. Es sagt uns, dass wir nicht Gott sind. Daher ist es eine tiefe Quelle der Spiritualität.

Ein krank machendes Schamgefühl ist hingegen ein ursprünglich gesundes Schamgefühl, das in einen Dauerzustand verwandelt wurde. Es besetzt meine Identität. Es redet mir ein, ich sei ganz grundsätzlich, meinem Wesen nach, mangelhaft und voller Fehler. Bradshaw formulierte es einmal so: „Das gesunde Schamgefühl sagt: ‚Ich habe einen Fehler gemacht!' Das krank machende Schamgefühl sagt: ‚Ich bin voller Fehler.'"

Da das Schamgefühl so unerträglich ist, bedarf es der Überdeckung. So erschaffe ich mir ein falsches Selbst. Und sobald ich mir ein falsches Selbst erschaffe, bin ich nicht mehr authentisch.

Kinder brauchen Vorbilder für ein gesundes Schamgefühl. Sie sollten die Möglichkeit haben, dieses Gefühl zu erkunden und auszuprobieren und zu weinen, ohne dass ihnen ihre Eltern, die Erwachsenen oder andere für sie Zuständige ihre Liebe entziehen. In seinem Buch *Wenn Scham krank macht*, dessen Lektüre ich allen Eltern empfehle, deckt Bradshaw die Quellen der Scham auf. Als eine dieser Quellen nennt er das Familiensystem. Dabei fällt mir wieder ein Psychiater ein, der uns vor Jahren in einem Kurs von einer Frau erzählte, die ein derart geringes Selbstwertgefühl hatte, dass sie am Rand des Selbstmords stand. Der Psychiater konnte nur mit großen Schwierigkeiten die Ursache ihrer Erkrankung ausmachen, zumal sie so ausgesprochen positiv von ihrer Mutter erzählte, die ihr alles gegeben habe: Zeit, Aufmerksamkeit, Zuneigung. Aber schließlich kam er dahinter, dass die Mutter sich hatte von ihrem Mann scheiden lassen und von da an alle ihre Zuneigung ihrem Kind zugewandt hatte. Ohne dies bewusst zu erkennen, hatte sich das Kind deshalb als „Ding" erfahren, als eine Art Spielzeug, das die Mutter verwendet und gebraucht, jedoch nicht um seiner selbst willen geliebt hatte. Das passiert oft, wenn Eltern ihre Liebe in einer Beziehung zu Erwachsenen nicht mitteilen oder zum Ausdruck bringen können. Sie verwenden dann Kinder zur Befriedigung ihrer eigenen emotionalen Bedürfnisse.

Als eine hilfreiche Lösung bietet Bradshaw an, wenn man Scham empfinde, solle man sie äußern. Man solle sie nicht für sich behalten, sondern sie einem signifikanten Anderen, der der Scham gegenüber unbefangen ist, mitteilen. Aus diesem Grund ist die Beichte in einer religiösen Tradition so hilfreich, zumal wenn der Beichtvater ein guter spiritueller Begleiter ist, also eine Art Therapeut, der dem Menschen, der seine Scham bekennt, hilft, nicht länger unter dieser Erfahrung zu leiden.

Die wirksamste Art, falsche Scham zu heilen, besteht natürlich darin, sich selbst zu lieben. Lieben Sie sich selbst ohne jede Bedingung. Tun Sie die „Spiegel-Arbeit", zu der Louise Hay in ihren Büchern zu *Ein Kurs in Wundern* anregt: Schauen Sie häufig in einen Spiegel und sagen Sie sich selbst, dass Sie gut sind! Schenken Sie sich selbst Zeit und Aufmerksamkeit, ohne aggressiv zu werden. Wenn Sie tatsächlich Fehler machen, setzen Sie diese ins richtige Verhältnis.

Schuld

Wenn man unter Schuldgefühl ein Wissen oder Empfinden darüber meint, dass man etwas Schlechtes getan hat, ist das gesund. Die folgenden Gedanken verdanke ich vor allem William Yeomans SJ, der sie in einem Artikel[4] über die Schuld und das Böse geäußert hat.

Das Bewusstsein und die Erkenntnis, dass man jemand anderem oder sich selbst geschadet hat, weil man sich nicht gemäß seinen eigenen vernünftigen Wertvorstellungen verhalten hat sind gut. Aber wenn man sich schuldig „fühlt", weil man etwas Schlechtes getan hat und das ganze eigene Wesen von diesem Gefühl erfasst ist und man sich deshalb elend und schlimm „fühlt" und das andauert, dann ist *das*, so sagen die Psychologen, destruktiv.

Derartige Schuldgefühle strangulieren die eigene persönliche Freiheit. Man kann sich sogar deswegen schuldig fühlen, weil man sich *nicht* schuldig fühlt. Dieses letztere ist dazu angetan, eine Liebesbeziehung zu zerstören.

Wo es keine Liebe gibt, da ist auch kein Vertrauen. Schuldgefühle streuen einen giftigen Samen des Zweifels aus, der die Liebe erstickt. „Gott wird schon irgendwie mit mir abrechnen!"

Wenn sich Menschen schuldig fühlen, wenn sie ein Steak essen und dabei an die Hungrigen in Afrika oder anderswo in der Welt denken, erwarten sie mit ziemlicher Wahrscheinlichkeit, dass die Hungrigen ihnen dafür dankbar sind. Sie übertragen damit ihre Schuldgefühle lediglich auf die Hungrigen.

Persönliche Schuldgefühle können einen dazu verleiten, allzu nachsichtig gegenüber denen zu sein, in deren Schuld

---

[4] Begleitend zu den Vorträgen verteilt das Center alle Bücher de Mellos, Hörkassetten sowie Videokassetten von seinen Fernsehauftritten.

man sich fühlt. Viele Eltern verwöhnen aus diesem Grund ihre Kinder.

Ein Schuldgefühl ist im Wesentlichen ein „ich-zentriertes" Gefühl. Es konzentriert sich nicht auf das Böse, sondern darauf, was dieses Böse mit einem tut oder einem antun wird. Dieses Schuldgefühl kann mich so festnageln, dass ich reglos im gegenwärtigen Augenblick verharre, bis ich wegen dem, was ich getan habe, mich selbst nicht mehr mag und auf mich wütend werde. Es ist dann, als wäre *ich* böse, aber ich bin *nicht* böse. Daran müssen wir uns selbst immer wieder erinnern. Ich bin nicht böse. Ein Vater kann zu seinem Sohn sagen: „Sohn, du hast falsch gehandelt. Du hast gestohlen. Gib das Geld wieder zurück. Du hast falsch gehandelt, aber ich liebe dich trotzdem." Und er kann ihn vielleicht sogar in den Arm nehmen.

Wenn das destruktive Schuldgefühl eine giftige Reaktion ist, wie sieht dann die gesunde Reaktion darauf aus, dass ich etwas falsch gemacht habe und einsehe, dass es falsch war?

Die Antwort lautet: Sie besteht aus Reue und Bedauern. Bereuen bedeutet, dass man sich selbst mit allen seinen Möglichkeiten zum Guten wie Bösen annimmt. Es bedeutet, dass man sich den verzeihenden Armen Gottes ausliefert, der einem keine Vorwürfe macht und keine Entschuldigung verlangt. Reue heilt und stärkt uns und setzt uns auf den Weg in Richtung unserer Selbstwerdung.

Wenn man wirklich erfasst, dass man von Gott in Liebe akzeptiert ist und darum auch sich selbst akzeptieren kann, verbannt dies das Schuldgefühl für immer. Aus diesem Grund wird in der christlichen Tradition die Beichte als ein wunderbares Geschenk angesehen. Es bietet die Möglichkeit, die bedingungslose Liebe Gottes, die uns keine Vorwürfe macht, zu erfahren. Ich frage mich, wie viele Menschen das noch erfahren, wenn sie sich die Beichte abgewöhnt haben.

Früher sagten wir, Schuldgefühl in Maßen sei gut, aber psychisches Schuldgefühl sei schlecht. Mit psychischem Schuldgefühl war gemeint, dass man sich wegen etwas schlecht fühlte, das gar nicht falsch war, etwa wenn ich zu spät ans Sterbebett meines Vaters kam. Aber heute sagen wir, dass *jedes* Schuldgefühl schlecht ist.

Trauer und Bedauern jedoch sind gut, denn es ist nützlich, zuzugeben, dass das, was man getan hat, falsch war, und deshalb Trauer zu empfinden, denn Trauer ist ein süßes, liebevolles Gefühl. Der heilige Ignatius bezeichnete die Trauer als „Trosterfahrung", denn die Tränen, die man dabei vergieße, bewegten einen dazu, Gott zu lieben. Wenn Sie also Trauer empfinden, ist das kein negatives Gefühl.

Hier sei an die Geistlichen Übungen des heiligen Ignatius erinnert. Jesus kommt zu uns und sagt: „Ich kenne deine Mängel und Fehler, dein Versagen und deine Sünden. *Und* ich liebe dich." Der Vater, der seinem Sohn verzieh, dass er gestohlen hatte, ließ diesen nicht lange unter seiner Schuld leiden. Auch Gott lässt uns nicht lange unter unserer Schuld leiden.

Gewiss verurteilen wir bestimmte Taten, aber wir verurteilen nicht die Menschen, die sie begehen. Dem Alkoholiker geht auf, wie sehr er seiner Frau und seiner Familie geschadet hat. Mit Tränen in den Augen sagt er: „Mary, es tut mir so leid." Aber wenn er sich selbst verabscheut, weil er trinkt, wird er bald wieder zur Flasche greifen. Lassen wir ihn nicht sich selbst hassen. Lassen wir die Menschen ihr Tun hassen, wenn es falsch ist, aber lassen wir sie als Menschen unsere Liebe und unser Mitgefühl spüren.

Natürlich sollte man das auch auf sich selbst anwenden. Arzt, heile dich selber. Wie kannst du, angesichts deines Lebensstandes, diese schlimmen Dinge getan haben? Was für ein Heuchler du bist! So ist also deine makellos saubere Weste befleckt. Vielleicht geht dir jetzt auf, dass du immer schon ein Heuchler warst. Diese Erkenntnis ist wertvoll, denn wenn du fähig bist, die Vergebung Gottes für dein eigenes Leben anzunehmen, dann bist du auch imstande, anderen Menschen zu vergeben. Du kannst damit anderen Menschen eine große Hilfe werden. Bereue den Fehler, die Sünde, fasse den Vorsatz, sie nicht noch einmal zu begehen, aber nimm dich dann sozusagen selbst in den Arm und lebe zuversichtlich weiter. Du wirst merken, dass du andere mit einer ganz neuen Güte und Freundlichkeit behandelst.

Es gibt eine Legende über den heiligen Petrus, in der erzählt wird, nachdem er Jesus verleugnet habe, sei er zu Maria, der Mutter Jesu gegangen, die in Jerusalem weilte. Ihr habe er sein Herz ausgeschüttet. „Wenn ich daran denke, was er alles für mich getan hat, muss er jetzt sehr enttäuscht von mir sein." Natürlich lautete die Antwort von Maria: „Petrus, erinnere dich doch daran, was er zu dir gesagt hat: nicht siebenmal, sondern siebenundsiebzigmal. Weißt du, was dein schwacher Punkt ist? Du musst dir selbst vergeben. Jesus hat dir längst vergeben."

Das Schuldgefühl ist selbstsüchtig und ichbezogen. Es ist ein auf den Kopf gestellter Stolz. Man bedauert dabei nicht so sehr den Schaden, den man angerichtet hat, sondern den Umstand, dass man sich falsch verhalten hat. Ein Beispiel: Da brannte einmal eine Fabrik nieder und der Eigentümer wurde benachrichtigt: Totalverlust und keine Versicherung. Als sein Sohn heimkam und ihn deswegen in Tränen aufgelöst fand, sagte der junge Mann zu ihm: „Aber Vater, hast du denn vergessen, dass wir sie letzten Monat verkauft haben?" Da leuchtete das Gesicht des Mannes auf. „Ach so, dann ist ja alles gut."

Wie man Schuldgefühle heilt

Wie heilt man Schuldgefühle? Das ist äußerst schwierig, denn seinen Selbsthass wird man nur sehr schwer los. Lassen Sie die Heilung auf dem Weg über ein Lobpreis- und Dankgebet an sich heran. Danken Sie Gott für das Böse, das Sie getan haben und für alle Fehltritte in Ihrem Leben. Danken Sie ihm für alles, was in der Vergangenheit in Ihrem Leben war. Bedauern Sie, was Sie getan haben, aber danken Sie ihm trotzdem.

Hierher passen die Worte von Juliana von Norwich: „In aller Art von Dingen wird alles gut werden." Wenn Sie dafür die Heilige Schrift hernehmen wollen, lesen Sie im Römerbrief Kapitel 9 bis 11, den Dialog zwischen dem Mystiker und dem Theologen. Außerdem sagte Gott zu Moses: „Ich will Erbarmen erweisen, wem ich will." So hängt das also nicht davon ab, was der Mensch möchte oder tut, sondern einzig von Gottes Erbarmen. Denn Gott hat alle Menschen zu Gefangenen des Ungehorsams gemacht, um ihnen allen Erbarmen erweisen zu können. Begreifen Sie das. Dann sind Sie im Frieden. Erfahren Sie es und schließen Sie sich dem Tanz der Erlösten an.

Trauer

Allzu oft in unserem Leben trauern wir zu wenig. Ich erinnere mich, wie ich mich beim Tod meines Bruders verhalten habe. Alle sagten mir anerkennend, dass ich alles so gut verkrafte. Ich machte meine Arbeit, aber zwei Jahre danach, als ich in Indien war, sagte Anthony de Mello zu mir: „Ich glaube, jetzt weiß ich, woher einige der Probleme kommen, über die du neulich mit mir gesprochen hast. Ich glaube, du hast nicht genügend über den Tod deines Bruders getrauert."

Ich sah ihn an und entgegnete: „O nein, das stimmt nicht. Da hast du dich schwer getäuscht.“ So ging er auf dieses Thema nicht weiter ein. Aber Jahre später ging mir auf, dass es genau das war. Ich hatte nie ausreichend getrauert. Wenn man jemanden nicht betrauert, bricht diese Trauer im späteren Leben bei anderen Anlässen immer wieder durch. Man muss sie nachholen. Zu dieser Übung gehört unter anderem, dass man sich an den Zeitpunkt, zu dem der eigene Bruder oder die Mutter oder sonst ein geliebter Mensch starb, zurückversetzt. Man muss dann auch sagen: „Auf Wiedersehen, ich muss mein Leben weiter führen.“

Es ist erstaunlich, dass wir unsere Gefühle durch Weinen loslassen können. Tun Sie das immer wieder. Sagen Sie „Auf Wiedersehen“, bis Sie sich entspannt fühlen.

Denn was passiert ist, war, dass Ihre Mutter oder Ihr Bruder gestorben ist, aber Sie gefühlsmäßig an dieser Stelle stehengeblieben sind. Ihre Liebe wird zwar nicht mehr erwidert, aber Sie sind sich dessen nicht bewusst. Wenn Sie es fertiggebracht haben, zu trauern, dann löst sich das rasch.

Wie Sie wissen, tun Tiere das von Natur aus. In dieser Hinsicht verhalten sie sich außerordentlich spirituell. Die Henne verdeckt ihre Küken vor dem Adler hoch in der Luft, indem sie sich auf sie setzt. Aber wenn Sie sie vier Wochen später sehen, weist sie ihre Küken von sich ab und entlässt sie in ihr eigenes Leben.

Das Göttliche in der Natur offenbart Gott. Die Natur ist mit Heiligkeit durchsetzt. Das Leben kann für uns eine „große Bibel“ sein: Sehen Sie sich die Vögel an, die Lilien auf dem Feld. Sehen Sie sich die Katze an, der man ihre Jungen wegnimmt. Sie trauert drei Tage lang, aber dann wendet sie sich wieder ganz dem Leben zu.

Nur das Lebewesen Mensch hält an der Trauer fest, vielleicht zwanzig Jahre lang. Da trifft man die Witwe, die einem sagt, sie trage ihren Mann weiterhin tief im Herzen. Nein: Sie müssen dem Leben treu bleiben; vergeuden Sie es nicht. Die Fähigkeit zu trauern und sich zu verabschieden ist kostbar; hat man sie nicht, läuft man Gefahr, rührselig zu werden.

Da gibt es zum Beispiel den Mann, der seinem Vater in tiefer Liebe verbunden war und auch ein großartiges Verhältnis zu ihm hatte. Aber als der Mann wegging, um Priester zu werden, fraß der Vater seine Trauer darüber einfach in sich hinein, wurde schließlich zum Alkoholiker und starb früh. Natürlich nahm der Sohn an, er sei die Ursache von all dem gewesen. So kam er zu Anthony de Mello, der ihm einige Übungen vorschlug. Eine bestand darin, dass er sich in der Imagination zeitlich zurückversetzen und mit seinem Vater sprechen sollte. Bei der Sitzung mit dieser Übung wies Anthony den Mann an, sich an die Stelle seines Vaters zu versetzen, in dessen Person zu sprechen und ihm hierauf zu antworten. Alle Anwesenden waren bei diesem Dialog zu Tränen gerührt. Es kamen ganze Berge von Schuldgefühlen und Trauer heraus. „Du warst der einzige Mensch in meinem Leben, den ich liebte, und dann hast du mir das Herz gebrochen", sagte der Vater. Mehrere Jahre später sagte der Mann zu Anthony: „Ich kann dir gar nicht dankbar genug für diese Stunde sein." Ihnen war gemeinsam aufgegangen, dass der Tod zwar einem Leben sein Ende setzt, aber nicht einer Beziehung. Der Mann war wieder dem einen Menschen nahegekommen, dessen Verlust ihn so schwer getroffen hatte. Unbewusst hatte dies alle anderen Beziehungen in seinem Leben beeinträchtigt.

Versuchen Sie es mit einer anderen Übung. Sprechen Sie mit einem Baum. Machen Sie sich ihn zum Freund. Sprechen Sie mit Gott, mit Menschen, die Sie lieben. Wenn man sich auf die hier beschriebene Weise verabschiedet, heißt das nicht, dass man sich anschließend an die betreffende Beziehung nicht mehr erinnern sollte. Das tut man weiterhin, aber das kann man dann mit Freude, Liebe und Dankbarkeit tun. Leider kommen viele Menschen nie so weit, weil es in ihrem Leben viel zu viel Unerledigtes gibt.

Aber kleben Sie auch nicht an Ihren kostbaren Erinnerungen fest. Lassen Sie auch diese los. Angenommen, Sie haben einen Kurs oder eine Freundschaft genossen, aber das ist jetzt vorbei. Akzeptieren Sie das, und Sie werden wieder voller Leben sein. Das Beste kommt immer erst noch. Lernen Sie zu trauern und sich zu verabschieden, nicht nur von Menschen, sondern auch von Orten, Dingen, Tätigkeiten, Reifestufen, von der Vergangenheit. Warum kehren Sie denn dahin zurück, laden diese Batterien wieder auf? Das Sprechen mit sich selbst kann schlechte Gefühle wecken, aber es kann auch schlechte Gefühle *korrigieren*. Das Sprechen mit sich selbst kann viel Gutes bewirken.

Freude

Das nächste Gefühl ist die Freude. Es ist eigenartig, aber wahr: Die Freude wird gewöhnlich unterdrückt. Wir haben Angst, zu glücklich zu sein. Die Freude gleicht darin der Liebe. Wir sterben vor Sehnsucht nach Liebe, aber wir haben Angst, sie an uns heranzulassen. Es gibt landläufig die abergläubische Vorstellung: Wer heute lacht, wird morgen weinen. Wenn ich es zulasse, dass ich voller Freude bin, wenn meine Freundin kommt, werde ich voller Trauer sein, wenn sie wieder geht. Freude zurückzuhalten ist jedoch nicht gut. Überlassen Sie sich dem Fluss des Lebens.

Die Amöbe macht sich voll auf, wenn man sie sticht, aber wenn man sie drei- oder viermal sticht, macht sie sich nicht mehr ganz auf. Wenn wir als Kinder gestochen wurden, gehen auch wir halb geschlossen durchs Leben. Wir wachsen nicht weiter. Als Christus gekreuzigt wurde, starb er mit ausgebreiteten Schwingen wie ein Adler, offen für die Welt, verletzlich und ausgesetzt, was großartig ist. Es kann sein, dass Sie heute ein Hoch und morgen ein Tief haben, aber in einer tieferen Schicht haben Sie großen Frieden.

Aber Sie möchten lieber alles gut im Griff haben, und so kapseln Sie sich selbst ab, und die Verkapselung erstickt den Funken. Er ist nicht mehr da. Hüten Sie sich vor Askese, vor negativen Einstellungen gegenüber dem Selbst. Geben Sie Ihrem Körper alles, was er für seinen Genuss und seine Freude braucht. Eine weit verbreitete Kultur lehnt das Genießen ab. Es gibt landläufig die Vorstellung, in bestimmten Berufen dürfe man nicht genießen, etwa wenn man General ist oder ein leitender Manager. Daher möchten manche Leute nie gesehen werden, wenn sie einen Tag frei nehmen.

Das Gefühl, Macht zu haben, kann wunderschön sein und gesund. Am Ruder zu sitzen, macht Spaß. Wenn Sie ein Charisma für Ihren Job haben, genießen Sie es. Sie sind dann in Ihrem Job sogar noch besser. Einmal kamen im indischen Goa alle Ordensprovinziale des Jesuitenordens zusammen. Das Essen war schlecht und die Matratzen waren hart. Es war ein Picknick an einem wunderschönen Strand in der Nähe eines Hauses der Jesuiten vorgesehen, sowie gekühltes Bier. Aber ein Mann sagt zu einem Kollegen: „Glaubst du, wir können uns diesen Tag leisten?" Der arme Mann zerbrach sich den Kopf darüber, ob man sich nach der anstrengenden Tagung über Armut wirklich diese Party verdient habe. Der Organisator hatte besorgt zu Anthony gesagt: „Sieh dir ihre Gesichter an. Sie wirken alle depressiv. Sie brauchen eine Erholungspause." Sie brauchten sie und bekamen sie.

Jeder Mensch braucht emotionale und sensorische Anreize. Unsere Sinnesorgane brauchen sie. Wenn Tiere aus ihrer natürlichen Umgebung genommen oder in Käfige gesperrt werden, ziehen sie sich in sich zurück oder reagieren überaktiv und rastlos. Menschen, denen es an Anreizen fehlt, können unter leichten Depressionen leiden, die von unterdrückter Wut rühren. Wenn man sich selbst nicht genügend zum Ausdruck bringt, ist man sich dessen womöglich gar nicht bewusst. Merkwürdigerweise richtet man eine Wut, die man nicht andere hat spüren lassen, schließlich gegen sich selbst.

Jede Spiritualität, die Ihnen vermittelt, sich unauffällig wie eine Maus zu verhalten, wird Ihnen Probleme bescheren – Probleme, die nach spiritueller Hilfe schreien. Genießen Sie alles, was Sie durch Berühren, Sehen, Schmecken, Fühlen genießen, ganz ausgiebig. Sie werden staunen, wie mäßig die Ansprüche Ihres Körpers sind, wenn Sie ihm seine Freiheit lassen. In dieser Hinsicht sollte man unbedingt A.S. Neils Buch *Das Prinzip Summerhill* lesen. Neil ließ den Schülern in seiner Schule alle Freiheiten, aus der Überzeugung, dass es kein besseres Stärkungsmittel als die Freiheit gibt. Tu, was immer Du willst. Die einzige Grenze lautet: Beeinträchtige nicht die Freiheit eines anderen. Neil hatte zwar in Summerhill etliche Widrigkeiten zu ertragen, aber er fand, das Experiment habe sich gelohnt. Als er den Kindern volle Freiheit gab, wusste er, dass sie austesten würden, ob er ihnen diese wirklich lasse. Die größten Feinde der Kinder waren natürlich ihre Eltern, die wollten, dass sie später einmal Ärzte oder Rechtsanwälte würden. Neil entgegnete: „Ein glücklicher Straßenkehrer ist mir lieber als ein trauriger Arzt." Beachten Sie, dass wilde Tiere nur fressen, was ihnen gut tut. Aber meine Mutter nötigte mich, das zu essen, was sie für gut hielt, weil Kinder das tun müssen, was Erwachsene für richtig halten. Das entspricht der Auffassung, dass man sich um Kinder kümmern müsse, statt auf sie hören. Das ist falsch! Man sollte den Kindern Trommeln geben. Ein ganz stilles Kind ist ein ganz krankes Kind. Die Eltern wissen das bloß nicht, weil sie auf das gute Benehmen ihres Kindes stolz sind.

Ich empfehle zu diesem Thema auch das Buch von Carl Rogers, *Lernen in Freiheit*.

Freunden Sie sich mit Ihrem Körper an

Gehen Sie mit Ihrem Körper gütig, liebevoll, behutsam und ehrfürchtig um. Behandeln Sie ihn gut und sehen Sie sich die Ergebnisse an. Ich sage nicht, Sie sollten zu nachgiebig mit ihm umgehen, sondern freundlich. Man braucht so wenig, um das Leben voll auskosten zu können. Aber weil Sie Ihre Fähigkeiten zum Genießen unterdrückt haben, brauchen Sie jetzt Alkohol oder Drogen, um sich ein gutes Gefühl zu verschaffen. Fangen Sie wieder an, hinaus ins Freie zu gehen. Wischen Sie den Staub von allen Ihren CDs und Kassetten, die Sie irgendwo unberührt gestapelt haben. Hören Sie sie wieder an und genießen Sie sie, ohne sich schlecht zu fühlen, weil Sie sich so wohl fühlen.

8 Veränderung

Habe keine Angst, einen großen Schritt zu tun, wenn dieser angesagt ist. Einen weiten Abgrund kannst du nicht mit zwei kürzeren Sprüngen überqueren.

David Lloyd George

Anthony de Mello sagte oft, Spiritualität sei das Praktischste auf der Welt. Warum?

Weil sie von Ihrem Leben, Ihrer Freude, Ihrem inneren Frieden, Ihrer Gelassenheit handelt. Aber werden Sie damit auch Ihre Probleme, Prüfungen, Anfechtungen, Schwierigkeiten los? Nein. Los werden Sie dank Ihrer jedoch die Herzbeschwerden, das Leiden, die Angst, die gewöhnlich damit einhergehen.

Auf die Frage: „Was heißt es, erleuchtet zu sein?" gab der Buddha die Antwort: „Vor der Erleuchtung war ich deprimiert. Nach der Erleuchtung bin ich weiterhin deprimiert." Aber es gibt einen Unterschied: Ich identifiziere mich nicht mehr mit meinem Deprimiertsein.

Wir müssen zugeben, dass wir im Schlaf liegen. Meinen Sie, das zuzugeben sei einfach? Wenn Sie glauben, dass bei der Abhängigkeit von Drogen oder Alkohol Verleugnung im Spiel ist, dann ist sie hier erst recht im Spiel. Wir finden es lustig, wenn wir die Geschichte von der Frau mit dem Kinderwagen hören, zu der jemand sagte: „Was für ein wunderschönes Kind!", und sie zur Antwort gab: „Ja, aber Sie sollten erst sehen, wie schön es auf den Fotos ist, die wir daheim von ihm haben!" Das ist ein Gleichnis für das Leben der meisten Menschen. Das reale Kind, das reale Leben, liegt uns direkt vor Augen, aber wir laufen davor davon, um uns die „Fotos" davon anzusehen.

Warum *reden* wir dauernd über Gott, wenn wir uns in Wirklichkeit eine Erfahrung Gottes wünschen? Weil wir nicht *nicht* über Gott reden können. Er ist zu sehr ein Teil von uns. Warum singt ein Vogel? Weil er ein Lied in seinem Herzen trägt.

Aber wenn wir nun schon von Gott reden, dann sollte uns ein Grundsatz leiten: „Lasst ihn doch *zumindest* so gut sein wie den Besten von uns." Ach, was haben wir ihm angetan! Nehmen Sie zum Beispiel das Vergeben. Wenn ein Mensch, den Sie von Herzen lieben, Sie verletzt hat und Sie deshalb um Verzeihung bittet, sagen Sie dann zu ihm: „Auf die Knie mit dir! Bitte und bettle! Tu Buße! Dann werde ich dir verzeihen!"? Die Frau eines großen italienischen Malers war in Sorge, weil er auf seinem Sterbebett seine Sünden nicht beichten wollte. Er sagte zu ihr: „Meine Liebe, ich bin von Beruf Maler. Gott ist von Beruf einer, der vergibt. Ich bin überzeugt, er ist in seinem Beruf mindestens so gut wie ich in meinem. Also brauche ich mir keine Sorgen zu machen!" Wir werden wie der Gott, den wir anbeten. Wenn wir aus ihm ein Monster machen, werden wir auch selbst zu Monstern.

Während unseres ganzen religiösen Aufwachsens und Erzogenwerdens geht es ständig darum, dass wir bessere Menschen werden sollen. Man weist uns an, unsere Fehler auszumerzen und unsere Tugenden zu entwickeln. Man stellt uns Ideale vor Augen, die wir erreichen, hohe Ziele, die wir erstreben, Heilige, die wir nachahmen sollen. Man schildert uns ausführlich den Kampf um Vollkommenheit, macht uns deutlich den Widerstreit von Gut und Böse klar. Gewiss sind sich alle spirituellen Meister darin einig, dass es ein lohnendes Ziel im Leben sei, ein besserer Mensch zu werden, aber dieser Ansatz zum Leben nimmt bei verschiedenen Meistern verblüffende und bereichernde Wendungen.

Fragen Sie sich, warum Anthony de Mello seine Zuhörer derart stark faszinierte? Er hatte eine einfache und dennoch provozierende Art, von den entscheidenden spirituellen Richtlinien für unser Leben zu sprechen.

Beim Gedanken an Veränderungen denken die meisten Menschen an äußere Veränderungen, zum Beispiel an diejenige ihres Verhaltens. „Ich müsste weniger trinken, mehr üben, mein aggressives Temperament besser im Zaum halten, meine Trägheit überwinden", und so weiter. So hilfreich das alles sein mag – eine echte Veränderung geht im *Inneren* vor sich. Es ist eine Frage der inneren Einstellung. Die äußere Welt ist nicht mehr als eine Reproduktion Ihrer inneren Welt. In dem Maß, in dem Sie sich ändern, ändert sich auch immer Ihre Welt.

Wenn Sie zum Beispiel Ihre eigenen Ängste überwunden haben, kann es sein, dass Sie jemanden, den Sie immer für unverzeihlich grob gehalten haben, jetzt als einsamen oder verängstigten Menschen betrachten. Stellen Sie sich das folgende absurde Drama vor: Ein Patient schildert dem Arzt seine Symptome. Der Arzt stellt daraufhin ein Rezept für den Nachbarn dieses Patienten aus. Der Patient sagt hierauf: „Jetzt fühle ich mich schon viel besser."

Was für ein Mensch ist das, der sich wohler fühlen würde, wenn nur seine Frau oder sein Chef sich ändern würden? Er lebt nach dem Motto: „Die Welt ist in Ordnung; daher fühle ich mich wohl." Das ist falsch. Richtig ist: „Ich fühle mich wohl; daher ist die Welt in Ordnung."

Woher kommt alles das, was uns zusetzt? Die meisten Menschen meinen, es habe seinen Ursprung außen, aber in Wirklichkeit ist die Quelle in uns. Jede Verletzung ergibt sich aus einem Mangel an richtigem Selbstverständnis. Wenn jemand ein Versprechen nicht hält, das er Ihnen gegeben hat, was verursacht das negative Gefühl? Das nicht eingehaltene Versprechen? Warum wird ein anderer Mensch von diesen Ereignissen nicht aus der Fassung gebracht?

Achten Sie genau auf den Grund, aus dem Sie verletzt sind, nicht auf die Dinge oder Menschen, die Sie verletzen. Bekämpfen Sie negative Einstellungen, nicht negative Umstände.

Das stärkste Schloss am Gefängnis unserer Psyche ist der Wunsch, uns selbst und die Welt *im Griff* haben zu wollen. Das Ergebnis ist, dass wir „getrieben" statt „getragen" werden. Wenn jemand unter der Kontrolle eines Ich lebt, das alles plant, einfädelt, wünscht, begehrt, fordert, beherrscht, dann wird der innere Fluss unterbrochen. Das kann zu Alkoholismus führen, psychosomatischen Erkrankungen, sexuellen Frustrationen und Angst davor, dies alles loszulassen, weil man damit die Kontrolle verlieren würde. Worauf läuft das am Ende hinaus? Auf Kontrolle, die zum Verlust aller Kontrolle führt.

Werden wir nie unsere Anstrengungen aufgeben, Feuer zum Brennen zu bringen, Wasser nass zu machen, der Rose Farbe zu geben? Die umwerfende Botschaft der Mystik lautet: Sie müssen sich von niemandem und nichts außer- oder innerhalb Ihrer selbst verletzen lassen. Sie können wie ein Magier werden, der sich mitten in einer gewalttätigen Menge, die mit Prügeln und Steinen auf ihn einwirft, einfach unsichtbar macht. Nichts verletzt Sie. Sie fliegen hoch oben im Flugzeug und das rasende Auto unten kann Sie nicht überfahren.

Wenn wir auf uns selbst schauen, sehen die meisten von uns immer, dass es einiges zu verbessern gibt. Dieses Ideal, uns zu bessern, steht uns immer vor Augen. So dürfte es als Überraschung kommen, wenn Sie in einem spirituellen Buch eine Geschichte lesen wie „Ändere dich nicht". Ja, Sie werden geliebt, genau so wie Sie sind. Und wenn Sie sich selbst lieben, so wie Sie sind, wenn Sie sich selbst sehen und verstehen, wird automatisch eine Veränderung zum Besseren einsetzen. Veränderung ist gut, ja entscheidend. Konfuzius sagte einmal: „Wer ständig im Glück leben möchte, muss sich häufig ändern." Das Geheimnis besteht darin, zu begreifen, wie die Veränderung zustande kommt. Das geschieht nicht durch Anstrengung, nicht durch hartes Bemühen, sondern durch *Sehen*.

Wenn wir sagen: „Ändere dich nicht", wissen wir natürlich, dass wir damit in Wirklichkeit ein Grundprinzip der Spiritualität ansprechen: dass sich die wirkliche Veränderung nicht mit aller Anstrengung der Welt, nicht mit noch so viel Bemühen und Schimpfen und Schreien bewerkstelligen lässt, ja nicht einmal mit großer Intelligenz oder einer Flut von Informationen (obwohl solche hilfreich sein können). Sehen Sie einfach hin, beobachten Sie kommentarlos, loben Sie nicht, tadeln Sie nicht. Tun Sie das, und die Veränderung setzt ein, automatisch, ohne Anstrengung. Wenden Sie sich nicht ab. Entwickeln Sie Geschmack für das Beobachten. Das, so sagen die spirituellen Meister, führt uns zur „Offenheit für Veränderung."

Grundsätze für die Veränderung

Der Wunsch, sich zu verändern, ist gut und gesund. Er ist Energie. Wie alle Wünsche, versuchen wir ihn nicht nur zu erfüllen, sondern sogar mehr noch, ihn zu verstehen. Deepak Chopra bemerkt in einem seiner Bücher, dass Wünsche ähnlich wie Samenkörner bereits in sich die ganze Prozedur ihrer Erfüllung enthalten. Was sie nur noch brauchen, ist 1. *Aufmerksamkeit* und 2. *Nichteinmischen*.

Wie mischen wir uns in sie ein? Indem wir uns anstrengen. Wenn man zum Beispiel an einem Pflänzchen ziehen wollte, damit es schneller wächst, macht man es kaputt. Wir mischen uns auch in der Form ein, dass wir eisern am Zustandekommen dessen, was wir wünschen, festhalten. Chopra schrieb: „Man muss mehr auf den Prozess orientiert sein als auf das Ziel." Verstehen Sie ihren Wunsch richtig, und er wird zur „Präferenz", also zu etwas Vorrangigem, das aber auch noch andere Möglichkeiten zulässt. Damit macht man sein Glück nicht absolut von seiner genauen Erfüllung abhängig. „Herzlichen Glückwunsch, Ihre Frau hat gerade einen Jungen zur Welt gebracht!" – „Prima, das war meine zweite Wahl!"

Der Unterschied zwischen Akzeptieren und Resignieren

Akzeptieren und Resignieren ist nicht das gleiche. Balzac sagte einmal: „Diejenigen, die resignieren, sind die Unglücklichen, die an ihrem Unglück knabbern." Das Akzeptieren ist etwas ganz anderes. Ich akzeptiere die Realität, aber versuche, zu ändern, was sich ändern lässt. Wenn sich die Realität nicht ändern lässt, verwende ich die unglücklichen Umstände dazu, reifer zu werden. Erinnern wir uns an das Gebet der Gelassenheit: „Gott, schenke mir die Gelassenheit, das zu ändern, was ich ändern kann, den Mut, das anzunehmen, was ich nicht ändern kann, und die Weisheit, das eine vom andern unterscheiden zu können."

Wer resigniert, zuckt mit den Schultern und sagt: „So ist es nun einmal." Das ist eine Form der Verdrängung, des Verkennens. Gehen Sie nicht darum herum, darunter durch, darüber hinweg und verdrängen Sie es nicht, indem Sie Ihren Schmerz mit Alkohol, Drogen oder nutzlosem Aktivismus betäuben. Das, was man dazu braucht, ist so ähnlich wie das Trauern: Man muss „den Schmerz zulassen" und zugleich weiter aufs Leben ausgerichtet sein.

Verbinden Sie zuversichtliches Wünschen mit dem Akzeptieren der Realität. Sprechen Sie mit den Gefühlen, die Sie ablehnen, auf liebevolle, einfühlsame Weise und hören Sie hin, was Ihnen jedes von ihnen zu sagen hat. Entdecken Sie, dass Ihnen das Gefühl (der Wut, der Niedergeschlagenheit) Schaden zufügen, dass es aber auch Gutes bewirken kann. Entdecken Sie seinen hilfreichen Zweck. Sie können Ihre Gefühle akzeptieren, ohne sie zu billigen oder angesichts ihrer zu resignieren. Dann sind Sie auf Ihre Wut nicht wütend und nicht über Ihre Depression deprimiert; Sie haben keine Angst wegen Ihrer Ängste und werden nicht mutlos angesichts Ihrer Mutlosigkeit. Genauso können Sie mit Ihren körperlichen Beeinträchtigungen umgehen, mit ihren persönlichen Mängeln, mit früheren Ereignissen in Ihrem Leben, mit widrigen äußeren Umständen, mit dem Alter usw. Sprechen Sie mit dem jeweiligen Phänomen liebevoll. Damit setzen Sie eine Verwandlung in Gang, vielleicht nicht in der Welt, aber in *Ihnen*.

Gewalttätigkeit führt nicht zu einer bleibenden Veränderung; das tun nur Liebe und Verständnis.

9 Über Worte und Begriffe

MEISTER: Wie der Fisch an Land stirbt, so stirbst du mitten im weltlichen Geschäft. Um wieder zu leben, kehrt der Fisch ins Wasser zurück. Du musst ins Alleinsein zurückkehren.
SCHÜLER: Muss ich deshalb mein Geschäft aufgeben und in ein Kloster gehen?
MEISTER: Ganz und gar nicht. Bleibe bei deinem Geschäft und kehr zu deinem Herzen zurück.

Anthony de Mello

Hier geht es noch einmal um die Zusammenfassung der für Anthony de Mello ganz entscheidenden Gedanken.

Wir alle möchten allzu gern sehen, wie die Spiritualität der Achtsamkeit in dieses oder jenes Vorstellungssystem hinein passt. Ist sie in manchen Zusammenhängen sinnvoller als in anderen? Das ist interessant, aber nicht besonders wichtig. Die Meister sagen: „Fange damit an, und du wirst sehen!" Für spirituelle Dinge gibt es keine angemessenen Worte. Nur ihr Gegenteil lässt sich deutlich formulieren. Der Meister kann keine Wahrheit von sich geben, weil sich die Wahrheit nicht in Worte und Formulierungen fassen lässt. Eine Formulierung ist nicht die Realität. Die Meister zeigen Irrtümer auf. Beseitige die Irrtümer, und du wirst die Wahrheit erkennen. Die Grundbotschaft des Thomas von Aquin lautet: „Über Gott können wir nicht sagen, was er ist, sondern nur, was er nicht ist." Trotzdem wird viel zu viel über Gott geredet.

Anthony de Mello erzählte einmal folgende Geschichte:

Ein Fallschirmspringer war vom Wind abgetrieben worden und hing schließlich hilflos in einem Baum. Er sah einen einsamen Passanten mit einem Maulesel auf der Straße vorbeikommen und rief diesem zu: „Wo bin ich hier?" Der Passant rief zurück: „Du bist in der Krone eines Baums!" Darauf entgegnete der Fallschirmspringer: „Du musst ein Priester sein!" Verwundert fragte ihn der Passant: „Tatsächlich, das bin ich, aber woher wusstest du das?" Darauf gab der Fallschirmspringer zur Antwort: „Weil das, was du sagst, genau stimmt, aber völlig nutzlos ist!"

Aber was ist mit dem Wort Gottes, der Heiligen Schrift, diesem heiligen Text? Wir verwenden die Worte der Heiligen Schrift allzu eilfertig. Schlimmer noch: Wenn wir sie im Unverstand wörtlich nehmen oder sie mit einem „biblischen Sinn" ausstatten, kommt aller mögliche Unsinn heraus.

Die Heilige Schrift bietet Hinweise, Zeiger, um Ihnen zu helfen, von dort, wo Sie sind, zur Erfahrung Gottes zu gelangen, nach der Sie sich sehnen. Wir erinnern uns alle an die traurige Geschichte von Galileo Galilei, dessen naturwissenschaftliche Lehre verurteilt wurde, weil sie im Widerspruch zur Heiligen Schrift stand. Galilei hatte vertreten, die Planeten kreisten um die Sonne, nicht umgekehrt, wie man zu seiner Zeit glaubte. In der Bibel heißt es ja: „Die Sonne geht auf und geht unter." Heißt das nicht eindeutig, dass sich die Sonne bewegt, die Erde dagegen feststeht? Bei seinem Prozess soll Galilei einen der Kardinäle aufgefordert haben, durch das Fernrohr zu blicken und selbst zu sehen, dass seine Lehre stimme. Aber der Kardinal lehnte das mit der Begründung ab, das könne ihm womöglich „Zweifel an der Heiligen Schrift“ bescheren!

Heute sind wir der Auffassung, dass das Schicksal der Frauen, die als Hexen auf dem Scheiterhaufen verbrannt wurden, ein fürchterliches Unrecht war, die Folge eines zu verurteilenden Verhaltens intoleranter, dummer, übersteigert bigotter Menschen. Sieht man sich die Gerichtsprotokolle an, so stellt man fest, dass die Begründungen der Täter auf ihrem falschen Verständnis der Heiligen Schrift beruhten. Sie beriefen sich etwa auf den Satz: „Der Zweig am Weinstock, der keine gute Frucht bringt, soll abgeschnitten und ins Feuer geworfen werden.“

Anthony de Mello sagte, auf dem Einband jeder Bibel sollte eigentlich ein Totenschädel mit Knochen abgebildet und die Warnung dazugesetzt sein: „Gefährlich! Nur mit großer Sorgfalt zu lesen!“ Und er äußerte die weitere Anregung: Jede zweite Seite der Bibel sollte leer sein, um darauf aufmerksam zu machen, dass auf der gegenüberliegenden Seite die Erfahrung des Schriftstellers (des Evangelisten) stehe, die sich nicht in Worten ausdrücken lasse. Was Sie in den Worten der Bibel sehen, ist nur ein Versuch, das zu beschreiben, was Gott dem Leser verständlich machen will.

Um noch einmal auf Thomas von Aquin zurückzukommen: Ganze Bücher wurden schon über sein „großes Schweigen“ geschrieben. Er hatte nämlich in seinen späteren Jahren während der Messe eine Gotteserfahrung. Danach sagte er über alle seine Bücher über Gott (die bis vor wenigen Jahrzehnten noch der Ausbildung der Priester zugrunde lagen): „Alles, was ich geschrieben habe, ist Stroh.“ Dieses „Schweigen“ dauerte mehrere Jahre. Er sagte einfach nichts mehr.

Das ist so ähnlich, wie wenn man über eine Papaya-Frucht redet, ohne dass man jemals in Hawaii war oder eine Papaya gekostet hat. Wie soll man da jemandem beschreiben, wie sie schmeckt? „Ist sie süß? Wie? Süß wie dieses oder jenes Bonbon, dieses oder jenes Eis, diese oder jene Frucht?" Sie können eine Doktorarbeit über die Süße der Papaya schreiben. Wenn Sie dann endlich erstmals eine Papaya schmecken, müssen Sie sagen: „Wie dumm ich war!" Thomas von Aquin beschreibt, wie wir Gott erkennen können. Er sagt, dass wir ihn in seiner Schöpfung erkennen können und in seinen Handlungen im Lauf der Geschichte. Aber die höchste Form, ihn zu erkennen, sei *tamquam ignotum*, das heißt, ihn wie einen Unbekannten zu erkennen. Später sagte Thomas sogar, man solle ihn als den „Unerkennbaren" erkennen.

Wir sind von Gott umgeben, aber wir sehen ihn nicht, weil wir um ihn „wissen." Die eigentliche Schranke zur Schau Gottes ist der Begriff, den wir uns von Gott machen. Wir übersehen ihn, weil wir denken, dass wir ihn „kennen." Sprechen Sie vom „Glauben", vom Eingehen von Risiken! Versuchen Sie es damit: *„Ich weiß es nicht."*

Ein starkes Beispiel dafür lieferte der große christliche Autor C.S. Lewis. Lewis berichtete, als seine Frau, die er von ganzem Herzen geliebt hatte, gestorben sei, sei ihm sein Glaube, den er für felsenfest gehalten habe, wie ein Kartenhaus zusammen gebrochen. „Ist Gott ein liebevoller Vater oder einer, der grausam Vivisektionen vornimmt?" Zuweilen muss uns ein Unglück treffen, damit wir für die Realität aufgeweckt werden. Es kann sein, dass wir dann unsere Glaubensüberzeugungen verlieren, aber zum Glauben finden. Legen Sie Ihren Kinderglauben ab und gehen Sie zu einem Erwachsenenglauben über, wie C.S. Lewis das auch tat. Er sagte: „Bevor dies passierte, hatte ich noch nie den geringsten Zweifel daran gehabt, dass die Menschen nach dem Tod weiterleben." Er komme sich vor, als hänge er an einem Seil über dem Abgrund. Sie glauben, das Seil sei bestimmt stark genug, um Ihr Gewicht zu tragen... bis Ihnen das passiert. Dann zerbröselt Ihre Gewissheit. Wir wissen nichts über Gott. Sogar unsere Fragen sind absurd. Sie klingen, als fragte ein Blinder: „Wie viele Zentimeter lang ist die Farbe Gelb?" Oder: „Ist sie hart oder weich?" In Indien sagt man: *„Neti, neti!"* (Gott ist „nicht dies, nicht dies!").

Arten der Achtsamkeit

Wir haben viele Fragen über die „Achtsamkeit", etwa die: „Wie sähe das aus, wenn man sie erlangt hat?" Ein spiritueller Meister wurde gefragt: „Lässt sich Ihre Lehre über den Weg zur Erleuchtung in einem einzigen Satz zusammenfassen?"

Der Meister gab zur Antwort: „Ich kann sie in ein Wort fassen: Achtsamkeit."

„Aber was bedeutet dieses Wort? Können Sie das genauer erklären?"

„Ja, es bedeutet Achtsamkeit!"

Wir haben von der Achtsamkeit auf das gesprochen, was *in* Ihnen vorgeht, also im Innern dieses Wesens namens „Ich." Aber es gibt auch die Achtsamkeit auf das, was *um Sie herum* vorgeht. Aus diesem Grund lohnt es sich, von Worten und Begriffen zu sprechen.

Wenn wir einen Baum ansehen, warum sehen wir dann nicht wirklich einen Baum? – Im Park der Universität Fordham, an der ich wohne, gibt es einen Baum, den ich „meinen" Baum nenne. Wenn ich an ihm vorbeikomme, halte ich an und spreche mit ihm. Könnte ich ihn umarmen, so würde ich das tun. Früher dachte ich, alles, was da über das Reden mit Pflanzen erzählt wird, sei Unsinn. Das heißt, dass Pflanzen besser gedeihen, wenn man mit ihnen spricht. Jetzt weiß ich, dass in diesen Geschichten etwas Wahres steckt.

Wenn Sie einen Menschen ansehen, warum sehen Sie dann nicht wirklich einen Menschen? – Haben Sie schon einmal versucht, sich mit jemandem zu unterhalten, den oder die sie besonders sympathisch oder interessant finden, aber der oder die Betreffende schaut derweil direkt an Ihnen vorbei auf jemand anderen?

Der Grund dafür ist, dass Ihnen Ihre Gefühle im Weg stehen. Sie sind konditioniert. Sie haben Vorlieben und Abneigungen. Sie haben Ihre vorgefassten Vorstellungen, Schlussfolgerungen und Begriffe. Darum sehen wir nicht den Menschen, sondern jemanden oder etwas, von dem wir uns im Kopf ein festes Bild gemacht haben, und wir sehen diesen Menschen nur noch durch diese Brille.

Das lässt sich damit vergleichen, wie ein Staatspräsident, der Papst oder jeder andere Mensch in einem hohen Stellung seine Informationen bezieht. Als John Fitzgerald Kennedy Präsident war, wurde er einmal gefragt, woher er eigentlich sein Feedback beziehe, auf dem seine Regierungsentscheidungen über eine Vielzahl von Themen beruhe. Er gab zur Antwort, dass er jeden Morgen in der *New York Times* den Kommentar von James Reston lese. Von da an kaufte sich das halbe Land die *Times* und las Restons Artikel. Die Frage ist also: „Wer findet das Auge – oder Ohr – dieser wichtigen Leute?"

Angenommen, Sie möchten mit einem lieben Menschen in Austausch treten, müssen das aber über eine dritte Person tun. Können Sie sich vorstellen, wie verzerrt Ihre Botschaft ist, wenn sie schließlich bei dem Menschen ankommt, für den sie gedacht ist? Jede Pore Ihrer Haut, jede Ihrer Körperzellen, jedes Ihrer Sinnesorgane trägt zu diesem Kommunikationsproblem bei.

Der Filterungsprozess

Aus diesem Grund ist es ganz wichtig, dass Sie genau zusehen, was die Informationen filtert, die Sie beziehen. Ist das Ihre bestimmte Konditionierung? Ihre Kultur? Ihre Sprache?

Worte haben große Macht, Emotionen zu schüren, so dass Sie Dinge sehen, die es gar nicht gibt und entsprechend reagieren. Stellen Sie sich einen Gefangenen vor, der vor seiner Erschießung ein letztes Mal an die Grenze seines Landes geführt wird, um sich zu verabschieden. Sein Herz wird bei diesem Anblick warm vor Zuneigung, seine Augen füllen sich mit Tränen. Aber natürlich haben ihn seine Fänger an eine ganz andere Grenze geführt und ihm vorgemacht, das sei die Grenze seines Landes.

Wie Sie sich vorstellen können, ist der Hauptschurke beim Filterungsprozess die Anhaftung.

Begriffe contra Realität

So bilden also Worte und Begriffe, die so sehr zur Kommunikation und Naturwissenschaft beitragen, oft eine Sperre gegenüber der Realität. Warum?

Zunächst einmal sind Begriffe allgemein gültig. Wenn ich zum Beispiel sage: „Ich habe ein Blatt gesehen", verwende ich einen Begriff, der für alle Blätter auf dem Boden (oder an den Bäumen) gilt, unabhängig davon ob sie groß, klein, zart, trocken, gelb, grün, von einer Eiche oder von einer Ulme sind. Sie haben eine Idee davon, was ich dabei alles *nicht* gesehen habe: ein Tier, einen Schuh, einen Menschen. Sie finden nie ein allgemeines Blatt oder Menschenwesen, das genau Ihrem Begriff „Blatt" oder „Mensch" entspricht. Wenn Sie sagen, dass Sie einen Menschen gesehen haben, stimmt es zwar, dass wir alle vernünftige Lebewesen sind, aber Sie sind eine partikuläre, konkrete, einmalige Frau. Dem Individuum lässt sich nur auf dem Weg der Erfahrung und Intuition begegnen. Man kann es nicht begrifflich fassen.

Falls Sie sagen: „Ich kenne Bill. Er ist New Yorker", könnte Bill mit Recht beleidigt sein. Er kann denken: „Du kennst mich nicht. Du verwendest nur ein Etikett für mich." Etwas Kostbares geht dabei verloren: die Konkretheit, die Einzigartigkeit dieses Menschen. Der Begriff, das Wort ist nicht das Ding. Würden Sie nicht durch Begriffe auf die Dinge schauen, so würde es Ihnen nie langweilig. Wenn Sie einem Vogel zuschauen, einer Amsel, dann ändert sich die Amsel von Augenblick zu Augenblick. Folglich ist der Begriff abstrakt, die Realität dagegen ist konkret. Ein Begriff kann Ihnen als Zugang zur Realität helfen, aber wenn Sie bei ihr sind, müssen Sie sie direkt intuitiv wahrnehmen.

Zweitens sind Begriffe statisch, während die Realität fließend ist. Wann immer ich die Niagara-Fälle sehe, habe ich den gleichen Namen für sie, aber die Fälle ändern sich ständig. Wie könnten Sie Namen für jede Bewegung eines Flusses erfinden, so ähnlich, wie die Inuit eine Vielzahl von Wörtern für die verschiedenen Arten von Schnee haben? Oder Namen für einen Sturm? Können Sie ihn eine Schachtel einfangen und dann genau ansehen? Oder können Sie das Fließen eines Flusses in einem Eimer betrachten? Oder eine gefrorene Welle? Da eine Welle ihrem Wesen nach Bewegung, Handlung ist, ist sie keine Welle mehr, wenn Sie sie einfrieren.

Das dritte Problem ist, dass Begriffe die Realität zerstückeln. Denken Sie etwa an den Versuch, etwas aus einer Sprache in die andere zu übersetzen. Das Wort *casa* lässt sich mit „Haus" übersetzen, aber in seiner Herkunftssprache bedeutet es noch sehr viel mehr. Oder nehmen Sie das Wort „Schwanz." Angenommen, Sie hätten noch nie ein Tier gesehen. Was würden Sie unter „Schwanz" verstehen?

Den Begriff „Gott" zerstückeln wir ständig. Wie gesagt, Worte verweisen nur auf die Realität, zeigen sie an. Kommen Sie erst einmal bei ihr an, so werden die Begriffe nutzlos. So sagte der Hindu-Priester zum Philosophen: „Der Esel, auf den Sie steigen, um zu einem Haus zu kommen, ist nicht das Mittel, mit dem Sie das Haus betreten." Die Realität wirklich zu erkennen bedeutet, jenseits des Erkennens zu erkennen.

Um mit dem anonymen Verfasser der *Wolke des Nichtwissens* zu sprechen: Gehen Sie jenseits des Erkennens, jenseits der Begriffe, der Worte. Dichter, Maler, Mystiker, große Philosophen haben eine Ahnung davon.

Oder denken Sie noch einmal an meine Erfahrung mit dem Baum auf dem Universitätsgelände von Fordham. Solange Sie noch nicht diese „Erfahrung" gemacht haben, könnten Sie sagen: „Ach ja, ein Baum...!" Ich aber sehe jetzt nicht mehr „Baum" oder was ich darunter zu sehen gewohnt war. Ich sehe dieses Gegenüber mit dem frischen Blick eines Kindes. Es gibt kein Wort dafür. Ich sehe etwas Einmaliges, Fließendes, Ganzes, nicht Zerstückeltes. Ich kann nur noch staunen.

Was haben Sie gesehen? Es gibt kein Wort dafür!

Schlussfolgerungen

1. Falls Sie die Sinnesorgane eines Mystikers haben, erschließen Ihnen diese vielleicht das, was ich sagen möchte. Angenommen, ich erzähle eine Geschichte, schreibe ein Gedicht oder male ein Bild. Wenn ich diese Realität, die ich erfahre oder intuitiv mit meinen Sinnen erfasse, nicht zum Ausdruck bringen kann, worüber rede ich dann, wenn ich davon spreche, Gott zum Ausdruck zu bringen? Wenn ich nicht angemessen ausdrücken kann, was für meine Augen sichtbar oder für meine Sinne wahrnehmbar ist, und ich dann weiter vordringe oder jenseits der Worte und Begriffe

gelange und *sehe*, wie bringe ich dann das zum Ausdruck, was sich mit dem Auge nicht sehen und dem Ohr nicht hören lässt? Wenn wir darauf verfallen, zu meinen, das Wort „Gott" sei das, worum es geht, dann werden wir Götzenanbeter. Wir beten dabei nicht einen Götzen aus Holz an, aber einen Götzen aus Gedanken, einen mentalen Götzen.

2. Um dem Gefängnis der Begriffe zu entkommen, müssen Sie hinsehen, beobachten, wachsam auf alles achten. Was Sie ansehen, beobachten, beachten sollen? *Alles!* Die Gesichter von Menschen, die Umrisse von Bäumen, Vögel im Flug. Sehen Sie zu, wie das Gras wächst! Diese kleine Übung ist eine *spirituelle* Übung!

3. Begriffe sind kostbar. Sie helfen den Verstand zu entwickeln. Mittels unserer Begriffe werden wir auch fähig, die Grenzen der Begriffe zu verstehen. So werden wir aufgefordert, *wie* kleine Kinder zu werden, das heißt, aus dem Stand der Unschuld herauszufallen, aus dem Paradies verjagt zu werden, erlöst zu werden. Wir müssen „den alten Menschen ausziehen", das konditionierte Ich, und zum Zustand eines Kindes zurückkehren, ohne jedoch Kinder zu werden. Fangen Sie damit an, die Realität mit einer Haltung des Staunens zu betrachten, nicht mit dem intellektuellen Staunen von Möchtegern-Mystikern, sondern mit dem formlosen Staunen des Kindes. Leider kann einem das Staunen verloren gehen, je mehr man das Sprechen entwickelt. Aber wenn wir Glück haben, finden wir wieder zum Staunen zurück.

Der frühere Generalsekretär der Vereinten Nationen Dag Hammarskjöld sagte einmal: „Gott stirbt nicht an dem Tag, an dem wir aufhören, an eine persönliche Gottheit zu glauben. Aber wir sterben an dem Tag, an dem unser Leben aufhört, vom ständigen, täglich neuen Strahlen eines Staunens erleuchtet zu werden, das jenseits aller Vernunft ist."

10 Abschließende Gedanken über die Liebe

Die Liebe zu anderen und die Liebe unserer selbst sind keine Alternativen. Im Gegenteil: Bei all denen, die fähig sind, andere zu lieben, findet man auch die Liebe ihrer selbst.

Erich Fromm

Anthony de Mello hat sich immer wieder über die Liebe geäußert, hier noch einmal seine wesentlichen Gedanken:

Liebe ist kein Gefühl. Sie besteht darin, damit aufzuhören, das Ich als abgetrennt von allen anderen zu sehen. Ich erfahre dich als Teil meiner selbst. Auch wenn ich mich selbst erfahre und liebe, ist das kein bloßes Gefühl; es ist die Agape-Liebe, mittels derer ich Sie und alle Wesen als mich selbst liebe. Ich nehme teil an der Liebe des Schöpfers, der gleichermaßen über alle seine Sonne scheinen und seinen Regen fallen lässt; alle haben an dieser Art Liebe teil. Dazu gehören Einfühlung, Mitempfinden und Gefühle. Es wurde auch gesagt, Liebe sei eine Entscheidung, und das ist sie zweifellos an dem Tag, an dem Sie einander bei Ihrer Hochzeit Liebe in guten und in schlechten Tagen versprechen, in Krankheit oder in Gesundheit, in Armut oder in Reichtum.

Sehr eindrucksvoll ist auch die Entscheidung des Guten Samariters, dem ihm unbekannten Juden zu helfen. Diese Liebe ist vereinbar mit Zuneigung/Abneigung, mit Streitereien, Hassgefühlen aufeinander und allem Möglichen. Sie hängt mit einem universalen Wohlwollen zusammen. Wir haben in unserer Kultur versucht, diese Form des Liebens durch Willenskraft zu ersetzen. Wir lieben jedermann mit einer Art von „Plastikliebe.“ Aber wenn wir dann merken, wie sich darin negative Gefühle einschleichen, wo wir doch so gütig und liebevoll sein wollten, können Skrupel entstehen. Diese Art von Liebe hat etwas Künstliches an sich. Es gibt ein Bild des Buddha, auf dem er gelassen und in sich ruhend dargestellt wird, mit einem Lächeln auf den Lippen. Versuchen Sie, das nachzuahmen, und Sie werden bald merken, dass Sie wieder da sind, wo Sie angefangen hatten. Zu Anfang des spirituellen Lebens sind Bäume Bäume und Berge Berge. Wenn Sie Fortschritte machen, sind Bäume keine Bäume mehr und Berge keine Berge mehr. Ihre ganze Welt verändert sich. Freund wird Feind und Feind wird Freund. Danach kommt die Zeit, in der die Bäume wieder Bäume sind und die Berge wieder Berge, und Sie heißen die Realität willkommen.

Der echt heilige oder spirituelle Mensch ist ganz gewöhnlich. „Ich bin dein göttliches Gewöhnlichsein“, sagte ein Meister mit einem glücklichen Lächeln. Echte Heiligkeit, echte Spiritualität ist sehr schwierig genau festzumachen. Es ist nicht etwas, das man sich anzieht oder überstülpt. Man hat durchaus noch schwierige Gefühle, aber man ist gar nicht mehr fähig, anderen zu schaden. Man hat weiterhin seine Ängste, seine Wut, Trauer, Liebe, Freude... Alle diese Gefühle bleiben. Der heilige Mensch zieht sich nicht aus dem Alltag zurück. Er ist ganz gewöhnlich und dennoch total anders. Liebe ist nicht etwas, das man produziert. Sie ist etwas Geschenktes und Angenommenes und sie nimmt Ihnen nicht ihre Gewöhnlichkeit oder Menschlichkeit.

Wenn man von Sucht spricht, denkt man gewöhnlich an Heroin, an Alkohol usw. Aber nicht die Droge ist süchtig; der Mensch ist süchtig. Ein nicht süchtiger Mensch kann Drogen nehmen, high werden und trotzdem frei von Sucht bleiben.

Was macht Menschen süchtig? Ist es ein Mangel an Liebe? Ist es der Umstand, dass sie aus kaputten Familien kommen?

Nein. Es gab wissenschaftliche Untersuchungen über die Vietnam-Soldaten. Viele von ihnen nahmen Drogen, aber 95 Prozent hörten damit nach ihrer Heimkehr wieder auf. Die einzige Eigenschaft, von der es anscheinend abhing, ob sie süchtig wurden oder nicht, hatte mit dem *Selbstvertrauen* zu tun. Wenn Sie ein erfülltes Leben haben und Ihre Arbeit großartig finden; wenn Sie kein Bedürfnis danach haben, davonzulaufen oder in den Mutterschoß zurückzukehren, dann sind die Chancen hoch, dass Sie nicht süchtig werden. Oft sind es Kinder aus Familien, in denen sie überbehütet wurden, die süchtig werden. Bei auf sich selbst gestellten Kindern, die sich fest auf den eigenen Hosenboden setzen, ist es höchst unwahrscheinlich, dass sie süchtig werden.

Früher war in manchen Ländern der Kaffee verboten. Um die Wende zum 20. Jahrhundert redete man von ihm wie heute von den Drogen. Es scheint, dass es weniger Süchtige gibt, wenn eine Gesellschaft Drogen akzeptiert.

Die Forschung hat ergeben, dass man auch eine Beziehung wie eine Droge verwenden kann. Ich meine die Art von Beziehung, bei der man ohne den Geliebten gar nicht leben kann. Man denkt den ganzen Tag an diesen Menschen. Irgend jemand sagte einmal: „All love songs are drug songs", „Alle Liebeslieder sind Drogenlieder".

Viele glauben das nicht. Aber wer die Beziehung wie eine Droge verwendet, glaubt, ein anderer Mensch sei sein Leben. Sie und ich, wir können miteinander nach der gleichen Melodie tanzen, aber wenn Sie sich ganz auf mich stützen, werden Sie mir zur Last. Tatsache ist, dass Sie, wenn Sie *echt lieben*, auf jedem Gebiet Ihres Lebens lebendiger sind. Die Liebe versüßt das Leben. Sie ist kein Ersatz, wie es die Droge Liebe ist.

Sie können auch aus der Religion eine Droge machen. Wenn Sie mit dieser Ersatzreligion, dieser Drogenreligion, Maria oder Jesus oder Gott benützen, wirkt sich das genauso schlecht aus wie irgendeine andere Droge, denn Sie ziehen sich dann vom Leben zurück, während eine Beziehung Sie für das Leben offener machen sollte. Wenn ich einen anderen Menschen kennenlerne, hat das zur Folge, dass ich mich zum Beispiel von da an für das Gärtnern, Malen oder Theater interessiere. Falls Sie behaupten, Sie seien nur an Gott interessiert, läsen einzig die Bibel und seien am liebsten in der Kirche, dann sage ich Ihnen: Interessieren Sie sich mehr für Architektur, Musik, Zeitungen, Ihr Geschäft, Ihre Arbeit, Ihre Freunde. Sie ziehen sich vom Leben zurück, und das ist eine schlechte Werbung für Gott und seine Welt.

Der wahrhaft spirituelle Mensch muss für nichts Zeuge sein. Ein wirklich spiritueller Mensch ist völlig absichtslos. Das veranschaulicht die folgende wunderschöne Geschichte: Als ich am Teich stehen blieb, sah ich einen Lotus in voller Blüte. Spontan sagte ich zu ihm: „Wie wunderschön du bist, mein Lieber! Wie wunderschön muss da erst Gott sein, der dich erschuf!" Und er errötete, denn er war sich seiner großen Schönheit gar nicht bewusst gewesen. Auch gefiel es ihm, dass Gott dank seiner verherrlicht werde. Weil er sich seiner Schönheit gar nicht bewusst war, war er nur umso schöner, und ich fand ihn so anziehend, weil er überhaupt nicht versuchte, meine Aufmerksamkeit auf sich zu ziehen. Ein Stück weiter war ein anderer Teich, und ich sah auf ihm ebenfalls einen Lotus, der mir seine Blütenblätter entgegenstreckte. Er sagte ganz aufdringlich zu mir: „Sieh dir meine Schönheit an und gib meinem Schöpfer die Ehre." Ich ging mit Abscheu von ihm weg.

Wenn es sein muss, bedecken Sie Ihre Sünden, Ihre Nacktheit, aber lassen Sie Ihr Licht leuchten, wenn es das will, jedoch ganz absichtslos.

Anthony de Mello erzählte immer wieder eine Geschichte, die genau auf das Wesentliche zielt:

Der Kaiser von China suchte einen Premierminister. Er hörte von einem heiligen Eremiten, der in den Bergen lebte, und schickte an diesen Gesandte, ihm dieses Amt anzutragen. Nach einer mehrtägigen Reise erreichten sie die Gegend und erkundigten sich, wo er wohne. Sie bestiegen einen Berg und fanden ihn schließlich, wie er halb nackt auf einem Felsen saß und angelte. Da konnten sie gar nicht glauben, dass dies der Mann sein sollte, den der Kaiser suchte. So holten sie im Dorf noch weitere Erkundigungen über ihn ein, und es wurde ihnen versichert, dass er es sei. So kletterten sie auf das Flussufer hinauf und riefen ihn respektvoll an. Der Eremit stieg zu ihnen herunter, nahm ihre reichen Geschenke entgegen und hörte sich ihre merkwürdige Bitte an, er solle der Premierminister des Kaisers von China werden. Da brach er in schallendes Gelächter aus und sagte dann zu den verdutzten Gesandten: „Sehr ihr da unten die Schildkröte, wie sie ihren Schwanz durch den Schlamm zieht?“

„Ja, Ehrwürdiger Herr“, gaben sie zur Antwort.

„Jetzt sagt mir… Stimmt es, dass sich sämtliche Mitglieder des kaiserlichen Haushalts täglich im Tempel versammeln, um einer ausgestopften Schildkröte im Hauptschrein ihre Ehrerbietung zu bezeugen? Einer göttlichen Schildkröte, deren Schild mit Diamanten und anderen Edelsteinen übersät ist?“

„In der Tat, so ist es, Ehrwürdiger Herr“, erwiderten die Gesandten.

„Und glaubt ihr, diese kleine Schildkröte, die da unten ihren Schwanz durch den Schlamm zielt, möchte mit der göttlichen Schildkröte tauschen?“

„Nein, Ehrwürdiger Herr“, sagten die Gesandten.

„Dann geht und sagt dem Kaiser, dass auch ich nicht tauschen möchte. Ich ziehe es vor, lebendig in den zu Bergen weilen, statt tot in seinem Palast. Denn niemand kann in einem Palast weilen und lebendig bleiben. Von dem Tag an, wo man auf das Podest steigt und im Palast lebt, ist man tot. So kümmert euch um eure Angelegenheit und ich kümmere mich um die meine.“

Hüten Sie sich vor den Scharen, die jemanden suchen, der es geschafft hat. Wenn Sie versuchen, diese Illusion zu wecken, geraten Sie ins Heiligkeits-Spiel, ins Guru-Spiel. Sie können sehen, wie Jesus das vermied. Er wollte nicht als Guru erkannt werden. Sie erinnern sich: „Wenn er ein Prophet wäre, dann…“ Einmal wollten sie ihn zum König machen, aber dazu ließ er sich nicht verführen. Er war eher wie die Schildkröte, die ihren Schwanz durch den Schlamm zog. Die Jünger waren bestürzt, als sie ihn offen mit einer Frau reden sahen. Die Pharisäer waren entsetzt, als sie sahen, dass er sich von einer Sünderin die Füße abtrocknen ließ. Jesus versuchte nie, irgendjemanden mit einer Plastik-Heiligkeit zu beeindrucken.

Heute angebrachte Haltungen

Einige Haltungen, die Anthony de Mello gern förderte, waren:

- Freisein von Angst und Gewalttätigkeit
- Freundschaftliche Offenheit
- Liebe anerkennen und akzeptieren
- Wut, Angst, Scham, Schuld, Trauer, Liebe, Freude bewusst empfinden
- Seine einzelnen Sinne kultivieren: offene Augen, Ohren, Herzen haben

- Immer wieder fragen: Warum? / Warum nicht?
- Seine eigene Wahrheit entdecken
- Risiken eingehen, Fehler machen, und auf diese Weise menschlich und verwundbar sein

Halten Sie Ihre Spiritualität gewaltfrei, und auch Ihren Umgang mit Heiligen Schriften und Ihre Einstellung gegenüber der Sexualität. Denken Sie immer daran: Alles, was Liebe, Leben, Freude, Glück, Staunen und Geheimnisvolles in Ihr Leben bringt, ist Gebet.

Beachten Sie, was Paulus im Philipperbrief 4,8-9 sagt: „Auf alles, was wahr, würdig, gerecht, rein und liebenswürdig ist, was dem guten Ruf dient, was es überhaupt an Tugend und Lobenswertem gibt, darauf richtet eueren Sinn. Was ihr gelernt und empfangen, gehört und gesehen habt bei mir, das tut, und der Gott des Friedens wird mit euch sein."

Und was Eric Berne in seinem Buch *Spiele der Erwachsenen* schreibt: „Achtsam sein heißt, die Fähigkeit zu haben, eine Kaffeetasse zu sehen und die Vögel singen zu hören, und zwar auf seine ganz persönliche Art und nicht auf die Art, die einem beigebracht worden ist." Aus guten Gründen wird man annehmen dürfen, dass Kinder im Vergleich zu Erwachsenen anders sehen und hören. Ein kleiner Junge sieht und hört die Vögel mit Entzücken; dann kommt sein gutmeinender Vater, meint, er müsse dieses Erlebnis mit ihm teilen und seinem Sohn etwas Neues beibringen. So erklärt er ihm: „Das ist ein Eichelhäher und das ist ein Spatz." Von dem Augenblick an, in dem der kleine Junge seine Aufmerksamkeit darauf richtet, den Eichelhäher vom Spatzen unterscheiden zu können, kann er die Vögel nicht mehr wie bisher sehen oder singen hören. Er muss sie auf die Weise seines Vaters sehen und hören. Der Vater hat gute Gründe für sein Verhalten, denn nur wenige Menschen können es sich leisten, durchs Leben zu gehen und auf singende Vögel zu hören, und je früher der kleine Junge etwas darüber hinaus lernt, desto besser. Vielleicht kann er dann später im Leben Vogelkundler werden.

Einige wenige Menschen können jedoch weiterhin auf die alte Weise sehen und hören. Doch die meisten Mitglieder des Menschengeschlechts haben die Fähigkeit verloren, Maler, Dichter oder Musiker zu sein. Sie haben gar nicht mehr die Wahl, direkt zu sehen und zu hören, selbst wenn sie sich das leisten könnten. Sie müssen alles aus zweiter Hand beziehen.

Das Wiedererlangen dieser Fähigkeit nennt man *Achtsamkeit*. Achtsamkeit erfordert es, dass man im Hier und Jetzt lebt, nicht im Anderswo, in der Vergangenheit oder Zukunft. Die entscheidende Frage ist: Wo ist der Kopf, wenn der Körper hier ist? Denken Sie darüber einmal genauer nach, zum Beispiel, wenn Sie morgens zur Arbeit fahren. Es gibt dabei vier Möglichkeiten.

Erstens gibt es da Menschen, denen nur daran gelegen ist, schnell und rechtzeitig an einen Ort zu kommen. Ein solcher Mensch ist am weitesten fort. Während sein Körper noch hinter dem Lenkrad sitzt, geht sein Kopf schon durch die Tür seines Büros. So vergisst er völlig seine unmittelbare Umgebung, es sei denn, sie bietet Hindernisse. Die Hauptsorge solcher Menschen besteht darin, vor dem Chef gut dazustehen. Während er fährt, fehlt es ihm fast vollständig an Autonomie, und als Menschenwesen ist er in Wirklichkeit mehr tot als lebendig.

Dann gibt es den zweiten Menschentyp, den nachlässigeren, dem nicht so sehr daran liegt, rechtzeitig im Geschäft zu sein, sondern der lieber Ausflüchte für sein Zuspätkommen sammelt. Er hat vor allem Ampeln im Kopf, die vorwiegend rot sind, und ungeschickte oder dumme andere Autofahrer. Er nimmt ebenfalls fast nichts von seiner Umgebung wahr, außer, was in sein Spiel passt, so dass er nur halb lebt. Sein Körper sitzt im Wagen, aber sein Geist ist draußen und sucht nach Trotteln und Schuldigen.

Der dritte Typ kommt seltener vor. Das ist der Fahrer von Natur aus, der Mensch, für den das Fahren eines Autos eine kongeniale Wissenschaft ist, eine Kunst. Während er flink und kunstvoll durch den Verkehr steuert, ist er mit seinem Fahrzeug eins. Er ist achtsam in Bezug auf sich selbst und auf die Maschine, die er beherrscht; er handelt bedacht, so dass er ganz lebendig ist.

Im vierten Fall handelt es sich um den seltenen Menschen, der achtsam ist und es nicht eilig hat, weil er im Augenblick lebt und mit seiner Umgebung eins ist, auch mit dem Himmel und den Bäumen und dem Gefühl der Fortbewegung. Es eilig haben, bedeutet, die Umgebung beiseite zu lassen und sein Bewusstsein auf etwas anderes zu richten, das noch nicht in Sicht ist oder das man lediglich als Hemmnis auf dem Weg wahrnimmt, wobei man es selbst zu einem solchen Hemmnis macht. Aber dieser zuletzt genannte Mensch ist lebendig, weil er sich dessen bewusst ist, wie er fühlt, wo er ist und wann was ist. Er weiß, dass die Bäume immer noch da sein werden, wenn er schon gestorben ist, dass dann aber er nicht mehr da sein wird, und er auch nicht mehr kommen wird, um sie zu sehen. Daher möchte er sie *jetzt* so intensiv wie nur möglich sehen.

Nachwort

Bei zahllosen Anlässen wurde ich gebeten, etwas über Anthony de Mello, sein Leben, sein Werk, seinen Tod und meine persönliche Beziehung zu ihm zu sagen. Im Vorwort zu seinem Buch *Way to Love* schrieb ich alles Wesentliche über diese Beziehung. Ich will das hier in Kürze noch einmal wiedergeben.

Das erste Mal hörte ich von Anthony de Mello von Jesuiten, die ihre achttägige Einkehrzeit in unserem Jesuiten-Exerzitienhaus in Annapolis, Maryland bei ihm gemacht hatten. Damals machte es auf mich den größten Eindruck, dass er täglich sechs Stunden lang gesprochen und dabei immer einen Einführungsvortrag gehalten, Fragen beantwortet und zu spirituellen Übungen angeleitet hatte (ohne je einen Aufschrieb zu verwenden). Es war völlig normal, dass jemand, der die Aufmerksamkeit von sechzig Jesuiten wach halten und deren Beifall finden konnte, mich stark beeindruckte. Darum wollte ich ihn auch selbst hören. Ich entsinne mich, dass ich, als ich das dann nur ein Wochenende lang getan hatte, mir sagte: „Wenn er mich schon in drei Tagen derart stark beeinflussen kann – wie müsste das erst sein, wenn ich bei ihm in Indien studieren würde?"

So reiste ich zu einem seiner Kurse nach Lonavla in Indien, einem anmutigen ländlichen Flecken in den Bergen zwischen Bombay und Poona. Am Ende dieses Kurses führten Anthony und ich ein längeres Gespräch miteinander, aus dem sich unsere weitere Zusammenarbeit ergab. Es war für mich eine zauberhafte Zeit. Ich liebte es, ihn bei seinen Vorträgen zu Hunderten von Menschen sprechen zu hören, seine Vorträge zu organisieren, die Verhandlungen über die Veröffentlichungen seiner Bücher zu führen und seine Fernsehauftritte vorzubereiten. Aber vor allem das einfache Arbeiten mit ihm persönlich gab mir ein Gefühl der Erfüllung und Zufriedenheit, wie es mir noch keine andere Arbeit geschenkt hatte. Doch sollte dies nur allzu schnell wie ein Kartenhaus zusammenbrechen. Am Morgen des 2. Juni 1987 fand ich Anthony tot in seinem Zimmer in Fordham liegen. Wir hatten gerade zu einer Reise zu einer Reihe von Vorträgen über das Thema Spiritualität aufbrechen wollen. Eine Herzattacke hatte diesen physisch und spirituell robusten Menschen im Alter von sechsundfünfzig Jahren jäh aus dem Leben gerissen.

Ich versammelte die Mitglieder der Treuhandgesellschaft des De Mello Spirituality Center, das ich zur Betreuung seines Werks gegründet hatte und schlug vor, wir sollten das Buch zuschlagen und uns anderweitig engagieren. Aber die Treuhänder waren damit ganz und gar nicht einverstanden. Sie meinten, ich könne sein Werk weiterführen. Zwar kannte ich sein Werk durch und durch, aber ich war fest davon überzeugt, dass niemand in die Fußstapfen dieses Mannes treten konnte. Wenn jedoch sein engster Freund und Mitarbeiter, Fr. Dick McHugh SJ, bereit sei, zusammen mit mir die Vorträge anzubieten, erklärte ich mich zu einem Versuch bereit.

So reisten Dick und ich zwölf Jahre lang durch die Welt. Wir hielten Vorträge und tun das weiterhin. Dick konzentriert sich mehr auf sein Spezialgebiet „Neurolinguistisches Programmieren" und bietet Workshops darüber in Europa, Indien und den USA an. Ich habe zwei Mitglieder zum Team hinzugefügt: Jonathan Galente, der die Teilnehmer damit entzückt, dass er die von mir vorgestellten spirituellen Themen de Mellos mit seinen Übungen vertieft; und Joan Budilovsky, die ihre Fachkenntnis in Yoga-Meditation und Massage anbietet, damit man unsere Vorträge ganzheitlicher erfahren kann. Die Ergebnisse waren hervorragend, die Reaktionen der Teilnehmer begeistert.[5]

Das De Mello Spiritual Center (juristischer Titel: Center for Spiritual Exchange) hat weitere spezielle Veranstaltungen angeboten, so etwa eine Interfaith Spirituality Conference in Nassau; Seminare über Spiritualität und Wirtschaftsleben; und in New York Fachtagungen über die Anwendung spiritueller Prinzipien auf die Medizin, unter Mitwirkung prominenter Ärzte wie Dr. Deepak Chopra, Dr. Julian Whitaker und Dr. John Sarno. Auf diese Weise geht die Arbeit weiter.

Meine Absicht beim Schreiben dieses Buches war es, meinen Leserinnen und Lesern so viel „puren de Mello" wie nur möglich zu bieten.

Dieses Buch ist verständlicherweise hier und da mit meinen eigenen Erfahrungen und Erwägungen gewürzt, aber auch diese sind fast ganz von seiner Lehre beeinflusst.

Der Titel dieses Buches *Anthony de Mellos kleine Lebensschule* ist sehr passend. Ich habe diese Schule besucht und verdanke mein eigenes spirituelles Reifen ihm und seiner Lehre und es macht mir große Freude, dass ich das, was ich gelernt habe, hier weitergeben kann. Dieses Buch ist nicht zuletzt auch ein Zeichen meiner Bewunderung, Hochachtung und Liebe für einen Mitbruder im Jesuitenorden, der ein hoch begabter Mann und spiritueller Lehrer war.

---

[5] William Yeomans SJ „Evil and Guilt" in der Ausgabe der Zeitschrift *The Way* vom Juli 1975.

Literatur

Berne, Eric, *Spiele der Erwachsenen*, Reinbek 2005.

Bradshaw, John, *Wenn Scham krank macht*, München 2006.

– *Das Kind in uns: Wie finde ich zu mir selbst*, München 2000.

Chopra, Deepak, *Alle Kraft steckt in Dir*, Berlin 2006.

de Mello, Anthony, *365 Geschichten, die gut tun: Weisheit für jeden Tag*, Freiburg 2006.

– *Dass ich sehe. Meditation des Lebens*, Freiburg 1994.

– *Der Dieb im Wahrheitsladen. Die schönsten Weisheitsgeschichten*, Freiburg 1998.

– *Der springende Punkt: Wach werden und glücklich sein*, Freiburg 2002.

– *Die Fesseln lösen. Einübung in ein erfülltes Leben*, Freiburg 2005.

– *Eine Minute Unsinn. Weisheitsgeschichten*, Freiburg 2005.

– *Eine Minute Weisheit*, Freiburg 2005.

– *Gib deiner Seele Zeit. Inspirationen für jeden Tag*, Freiburg 2005.

– *Mit allen Sinnen meditieren. Anstöße und Übungen*, Freiburg 1997 u. 2002.

– *Von Gott berührt. Die Kraft des Gebetes*, Freiburg 1998.

– *Warum der Schäfer jedes Wetter liebt. Weisheitsgeschichten*, Freiburg 2005.

– *Warum der Vogel singt. Weisheitsgeschichten*, Freiburg 2005.

– *Was weiß der Frosch vom Ozean. Weisheit für Kopf und Herz*, Freiburg 2002.
– *Wer bringt das Pferd zum Fliegen? Weisheitsgeschichten*, Freiburg 2005.
– *Wie ein Fisch im Wasser. Anleitung zum Glücklichsein*, Freiburg 2005.
– *Wo das Glück zu finden ist. Weisheitsgeschichten für jeden Tag*, Freiburg 2004.
– *Zeiten des Glücks. Geschichten für Herz und Seele*, Freiburg 2004.

Hanh, Thich Nhat, *Das Glück, einen Baum zu umarmen*, München 1997.
– *Liebe heißt, mit wachem Herzen leben. Der Weg zu sich selbst und zu anderen*, Freiburg 2006.

Neill, Alexander, *Das Prinzip Summerhill: Fragen und Antworten, Erfahrungen, Ratschläge*, Reinbek 1986.

Robbins, Anthony, *Grenzenlose Energie. Das Power Prinzip*, München 1991.

Stroud, Francis S.J. (Hg.), *Awarenes. A De Mello Spirituality Conference in His Own Words*, New York 1992.

Über das de Mello Spirituality Center

Das „Center for Spiritual Exchange", wie das „de Mello Spirituality Center" juristisch heißt, ist eine gemeinnützige Organisation mit Sitz im Staat New York, die eine Vielzahl von Programmen im Geist von Pater Anthony de Mello unterhält. Dazu gehören das Studium und die Diskussion über die intellektuellen, psychologischen und kulturellen Grundlagen des Wertesystems, unter Einbeziehung von Erkenntnissen der heutigen Psychologie, Anthropologie, Soziologie und der Künste. Die Erkenntnisse daraus werden ferner in Vorträgen, Seminaren und Schulungen vermittelt, außerdem über alle Kommunikationsmedien, insbesondere Film, Rundfunk, Tonträger und Fernsehen.

Kontaktadresse für die Information über künftige Vorträge und zur Bestellung von Büchern, Ton- und Videobändern:

Father J. Francis Stroud, S.J.
de Mello Spirituality Center
Fordham University
Faber Hall
Bronx, NY 10458-5198
Tel. (718) 817-4508
Fax: (718) 817-4518
E-mail: jstroud@cyburban.com
Website: www.demello.org

Dank

Dieses Buch ist das Ergebnis eines jahrelangen Studiums der Werke von Anthony de Mello SJ. Ich arbeitete lange Zeit mit ihm zusammen, las seine Bücher, hörte seine Vorträge mit, produzierte mit ihm zusammen Fernsehprogramme und Tonbandaufnahmen. Das alles trug zu dem bei, was hier enthalten ist. Dass Anthonys spiritueller Ansatz mich selbst so lebendig ansprach, dass er mein Leben nachhaltig beeinflusste, verdanke ich vor allem seinem engsten Freund DickMcHugh SJ. Dick machte Anthony auf seine Schwachstellen aufmerksam und dürfte mehr als jeder andere dazu beigetragen haben, dass er zu dem feinfühligen spirituellen Meister wurde, als den wir ihn erlebten. Mich hat Dick auf die gleiche Weise beeinflusst. Als er mich seinerzeit immer wieder einmal korrigierte, reagierte ich gelegentlich mit Unmut, aber heute bin ich ihm für seine Ehrlichkeit und anhaltende Freundschaft dankbar. Ich kann kaum auseinanderhalten, welche wertvollen Anstöße ich Anthony de Mello verdanke und was Dick McHugh im Lauf der Jahre zu meinem zuweilen schmerzlichen Reifungsprozess beitrug.

Aus diesem Grund widme ich Dick McHugh SJ dieses Buch in herzlicher Dankbarkeit.

Natürlich gibt es auch noch andere, die dieses Buch ermöglicht haben. Diese Danksagung wäre unvollständig, würde ich nicht Jonathan Galente erwähnen. Niemand hat mein Leben und Arbeiten mehr erleichtert, versüßt und produktiver werden lassen als Jonathan. Nur er und Gott kennen die Tiefe meiner Dankbarkeit. Ich bedanke mich auch bei allen, die mir überall auf der Welt helfen, de Mello-Vorträge zu organisieren und zu halten. Und ich danke allen, die tatkräftig bei der Ausarbeitung des Manuskripts für dieses Buch geholfen haben, vor allem der Schriftstellerin und Lektorin Carole Spearin McCauley.

J. Francis Stroud SJ
Fordham University, New York

Weisheitsgeschichten von Anthony de Mello

Eine Minute Unsinn
Band 5658
Hinter scheinbarem Nonsens blitzt plötzlich tiefer Sinn auf. Humorvoll, pointiert, voll Witz machen diese paradoxen Geschichten auf das widersprüchliche Leben selbst aufmerksam.

Warum der Schäfer jedes Wetter liebt
Band 5660
Vorwiegend heiter: Geschichten aus dem richtigen Leben und für alle Wetterlagen. Im Klima der Globalisierung werfen universell-menschliche Erfahrungen ein ganz neues Licht auf unsere Möglichkeiten.

Warum der Vogel singt
Band 5661
Kinderschwere Fragen, uralte Menschheitsrätsel und ganz moderne Erfahrungen: In den Geschichten des indischen Exerzitienmeisters sind sie wie in einem Brennglas gebündelt.

Wer bringt das Pferd zum Fliegen?
Band 5662
Die zentralen Lebensthemen Wahrheit, Liebe, Spiritualität und zwischenmenschliche Beziehungen in de Mellos Geschichten erscheinen mit heiterem Lächeln in einem ganz neuen Licht.

Eine Minute Weisheit
Band 5663
„Es kann ein Leben lang dauern, bis die Augen geöffnet sind. Oft genügt jedoch ein Blitz, um zu sehen." Geschichten, tiefsinnig und hintergründig. Sie vermitteln blitzartig wesentliche Wahrheiten.